Sommaire

W0184285

1 L'auteur

2 *Les Fourberies de Scapin* (texte intégral)

3 Dossier Bibliocollège

L'essentiel sur l'auteur

Grand **auteur de théâtre** du XVIIe **siècle**, **Molière** a également été comédien et directeur de troupe. Il a surtout écrit et joué des **comédies**, genre dramatique considéré alors comme secondaire, qu'il a contribué à faire évoluer.

En mai 1671, en attendant de pouvoir mettre en scène *Psyché*, Molière donne *Les Fourberies de Scapin*, **petite comédie en prose** avec laquelle il **fait patienter son public** habituel dont il connaît le goût pour la **fantaisie italienne**.

MOLIÈRE (1622-1673)

Ses contemporains :

- Les auteurs de tragédies Corneille et Racine.
- Le fabuliste La Fontaine.
- Les écrivains Cyrano de Bergerac et Perrault.
- Les compositeurs Lully et Charpentier.

Les personnalités clés :

Ses principaux protecteurs : d'abord le prince de Conti, gouverneur du Languedoc (1653-1658), puis Monsieur, frère du roi (1658-1665), et, enfin, le roi Louis XIV lui-même, grand amateur d'art (à partir de 1665).

Biographie

Fils d'un tapissier de Louis XIV, Jean-Baptiste Poquelin (qui deviendra Molière en 1646) est très tôt fasciné par la comédie et le comédien italien Tiberio Fiorilli.
1643
Père, j'ai étudié le droit selon vos voeux...
... mais, désormais, je serai comédien !
Après avoir fondé, avec Madeleine Béjart, L'Illustre-Théâtre (1643), Molière parcourt la France.
Ce soir, représentation
Le Médecin volant
Par la troupe de L'Illustre-Théâtre

Lyon, 1655.
Si *L'Étourdi* plaît, nous le jouerons à Paris !
NOUS ALLONS JOUER DEVANT LE ROI !
1659, salle du Petit-Bourbon, où se joue avec succès *Les Précieuses ridicules.*
Quel talent !
Le roi lui-même a ri !
Encore mieux que *L'Étourdi.*

En 1664, Molière met en scène *Le Tartuffe*.
Cachez ce sein que je ne saurais voir.
Molière ose critiquer les religieux !
Que votre majesté interdise ce *Tartuffe* de monsieur Molière !
INTERDIRE MA PIÈCE DÈS SA PREMIÈRE REPRÉSENTATION !
JE ME BATTRAI !

Malgré la censure, Molière connaît des succès et sa troupe devient « troupe du Roi ».
1668
L'Avare
1670
Le Bourgeois gentilhomme
1671
Les Fourberies de Scapin
En 1673, Molière joue sa dernière comédie, *Le Malade imaginaire*.
Il a l'air vraiment malade.
Mais non, il joue la comédie !
À la 4e représentation, Molière fait un malaise.
EMMENEZ-LE !
RIDEAU !
Molière décède quelques heures plus tard.
Il est enterré en secret.

MOLIÈRE

Les Fourberies de Scapin

Personnages

Argante : père d'Octave et de Zerbinette.
Carle : fourbe.
Géronte : père de Léandre et de Hyacinte.
Léandre : fils de Géronte ; amant de Zerbinette.
Octave : fils d'Argante ; amant de Hyacinte.
Zerbinette : prétendue Égyptienne et reconnue comme fille d'Argante ; amante de Léandre.
Hyacinte : fille de Géronte ; amante d'Octave.
Scapin : valet de Léandre ; fourbe.
Sylvestre : valet d'Octave.
Nérine : nourrice de Hyacinte.
Deux porteurs.

La scène est à Naples.

Acte I

SCÈNE 1

OCTAVE, SYLVESTRE

OCTAVE – Ah! fâcheuses[1] nouvelles pour un cœur amoureux! Dures extrémités[2] où je me vois réduit! Tu viens, Sylvestre, d'apprendre au port que mon père revient?

SYLVESTRE – Oui.

OCTAVE – Qu'il arrive ce matin même?

SYLVESTRE – Ce matin même.

OCTAVE – Et qu'il revient dans la résolution de me marier?

SYLVESTRE – Oui.

OCTAVE – Avec une fille du seigneur Géronte?

SYLVESTRE – Du seigneur Géronte.

OCTAVE – Et que cette fille est mandée[3] de Tarente[4] ici pour cela?

SYLVESTRE – Oui.

OCTAVE – Et tu tiens ces nouvelles de mon oncle?

SYLVESTRE – De votre oncle.

Notes

1. **fâcheuses** : mauvaises.
2. **dures extrémités** : situation excessivement difficile.
3. **mandée** : appelée.
4. **Tarente** : ville portuaire de l'Italie du Sud.

OCTAVE – À qui mon père les a mandées[1] par une lettre ?

SYLVESTRE – Par une lettre.

OCTAVE – Et cet oncle, dis-tu, sait toutes nos affaires ?

SYLVESTRE – Toutes nos affaires.

OCTAVE – Ah ! parle, si tu veux, et ne te fais point, de la sorte, arracher les mots de la bouche.

SYLVESTRE – Qu'ai-je à parler davantage ? Vous n'oubliez aucune circonstance, et vous dites les choses tout justement comme elles sont.

OCTAVE – Conseille-moi, du moins, et me dis ce que je dois faire dans ces cruelles conjonctures[2].

SYLVESTRE – Ma foi ! je m'y trouve autant embarrassé que vous, et j'aurais bon besoin que l'on me conseillât moi-même.

OCTAVE – Je suis assassiné[3] par ce maudit retour.

SYLVESTRE – Je ne le suis pas moins.

OCTAVE – Lorsque mon père apprendra les choses, je vais voir fondre[4] sur moi un orage soudain d'impétueuses réprimandes[5].

SYLVESTRE – Les réprimandes ne sont rien ; et plût au Ciel que j'en fusse quitte à ce prix ! mais j'ai bien la mine, pour moi, de payer[6] plus cher vos folies, et je vois se former de loin un nuage de coups de bâton qui crèvera sur mes épaules.

OCTAVE – Ô Ciel ! par où sortir de l'embarras[7] où je me trouve ?

SYLVESTRE – C'est à quoi vous deviez songer avant que de vous y jeter.

Notes

1. **mandées** : apprises.
2. **cruelles conjonctures** : circonstances difficiles.
3. **assassiné** : désespéré.
4. **fondre** : s'abattre.
5. **impétueuses réprimandes** : violents reproches.
6. **j'ai bien la mine, pour moi, de payer** : j'ai bien l'air de quelqu'un qui paiera.
7. **embarras** : difficulté.

OCTAVE – Ah ! tu me fais mourir par tes leçons hors de saison[1].

SYLVESTRE – Vous me faites bien plus mourir par vos actions étourdies.

OCTAVE – Que dois-je faire ? Quelle résolution prendre ? À quel remède recourir ?

SCÈNE 2

SCAPIN, OCTAVE, SYLVESTRE

SCAPIN – Qu'est-ce, seigneur Octave, qu'avez-vous ? Qu'y a-t-il ? Quel désordre est-ce là ? Je vous vois tout troublé.

OCTAVE – Ah ! mon pauvre Scapin, je suis perdu, je suis désespéré, je suis le plus infortuné[2] de tous les hommes.

SCAPIN – Comment ?

OCTAVE – N'as-tu rien appris de ce qui me regarde[3] ?

SCAPIN – Non.

OCTAVE – Mon père arrive avec le seigneur Géronte, et ils me veulent marier.

SCAPIN – Hé bien ! qu'y a-t-il là de si funeste[4] ?

OCTAVE – Hélas ! tu ne sais pas la cause de mon inquiétude ?

SCAPIN – Non ; mais il ne tiendra qu'à vous que je ne la sache bientôt ; et je suis homme consolatif[5], homme à m'intéresser aux affaires des jeunes gens.

Notes

1. **hors de saison** : qui ne viennent pas à propos.
2. **infortuné** : malchanceux.
3. **de ce qui me regarde** : en ce qui me concerne.
4. **funeste** : désespérant.
5. **consolatif** : consolateur.

OCTAVE – Ah! Scapin, si tu pouvais trouver quelque invention, forger quelque machine[1], pour me tirer de la peine[2] où je suis, je croirais t'être redevable de plus que de la vie.

SCAPIN – À vous dire la vérité, il y a peu de choses qui me soient impossibles, quand je m'en veux mêler. J'ai sans doute reçu du Ciel un génie[3] assez beau pour toutes les fabriques de ces gentillesses d'esprit[4], de ces galanteries ingénieuses[5], à qui le vulgaire ignorant[6] donne le nom de fourberies; et je puis dire, sans vanité, qu'on n'a guère vu d'homme qui fût plus habile ouvrier de ressorts et d'intrigues[7], qui ait acquis plus de gloire que moi dans ce noble métier : mais, ma foi! le mérite est trop maltraité aujourd'hui, et j'ai renoncé à toutes choses depuis certain chagrin[8] d'une affaire qui m'arriva.

OCTAVE – Comment? quelle affaire, Scapin?

SCAPIN – Une aventure où je me brouillai avec la justice.

OCTAVE – La justice!

SCAPIN – Oui, nous eûmes un petit démêlé[9] ensemble.

SYLVESTRE – Toi et la justice?

SCAPIN – Oui. Elle en usa fort mal[10] avec moi, et je me dépitai de telle sorte[11] contre l'ingratitude du siècle[12] que je résolus de ne plus rien faire. Baste[13]. Ne laissez pas de[14] me conter votre aventure.

Notes

1. forger quelque machine : inventer une ruse.
2. la peine : la difficulté.
3. un génie : un don, un talent.
4. les fabriques de ces gentillesses d'esprit : l'invention de tours astucieux.
5. ces galanteries ingénieuses : ces tours adroits et pleins d'imagination.
6. le vulgaire ignorant : les gens ignorants.
7. ouvrier de ressorts et d'intrigues : auteur de machinations et d'histoires compliquées.
8. chagrin : ennui.
9. démêlé : désaccord.
10. elle en usa fort mal : elle se comporta très mal.
11. je me dépitai de telle sorte : je fus tellement en colère.
12. siècle : monde.
13. baste : suffit.
14. ne laissez pas de : ne renoncez pas à.

Jacques Copeau (1879-1949) dans le rôle de Scapin.
Mise en scène de J. Copeau au théâtre du Vieux-Colombier (1920).

OCTAVE – Tu sais, Scapin, qu'il y a deux mois que le seigneur Géronte et mon père s'embarquèrent ensemble pour un voyage qui regarde certain commerce où leurs intérêts sont mêlés.

SCAPIN – Je sais cela.

OCTAVE – Et que Léandre et moi nous fûmes laissés par nos pères, moi sous la conduite de[1] Sylvestre, et Léandre sous ta direction.

SCAPIN – Oui : je me suis fort bien acquitté de ma charge.

OCTAVE – Quelque temps après, Léandre fit rencontre d'une jeune Égyptienne[2] dont il devint amoureux.

SCAPIN – Je sais cela encore.

OCTAVE – Comme nous sommes grands amis, il me fit aussitôt confidence de son amour et me mena voir cette fille, que je trouvai belle à la vérité, mais non pas tant qu'il voulait que je la trouvasse. Il ne m'entretenait que d'elle chaque jour, m'exagérait à tous moments sa beauté et sa grâce, me louait son esprit et me parlait avec transport[3] des charmes de son entretien[4], dont il me rapportait jusqu'aux moindres paroles, qu'il s'efforçait toujours de me faire trouver les plus spirituelles[5] du monde. Il me querellait quelquefois de n'être pas assez sensible aux choses qu'il me venait dire, et me blâmait sans cesse de l'indifférence où j'étais pour les feux de l'amour.

SCAPIN – Je ne vois pas encore où ceci veut aller.

OCTAVE – Un jour que je l'accompagnais pour aller chez les gens qui gardent l'objet de ses vœux[6], nous entendîmes, dans une petite maison d'une rue écartée, quelques plaintes mêlées de beaucoup de sanglots. Nous demandons ce que c'est. Une

Notes

1. **sous la conduite de** : sous la responsabilité de.
2. **Égyptienne** : bohémienne.
3. **avec transport** : avec passion.
4. **entretien** : conversation.
5. **spirituelles** : intelligentes.
6. **l'objet de ses vœux** : la jeune fille qu'il aime.

femme nous dit, en soupirant, que nous pouvions voir là quelque chose de pitoyable en des personnes étrangères, et qu'à moins d'être insensibles, nous en serions touchés.

SCAPIN – Où est-ce que cela nous mène ?

OCTAVE – La curiosité me fit presser Léandre de voir ce que c'était. Nous entrons dans une salle, où nous voyons une vieille femme mourante, assistée d'une servante qui faisait des regrets[1], et d'une jeune fille toute fondante en larmes, la plus belle et la plus touchante qu'on puisse jamais voir.

SCAPIN – Ah, ah !

OCTAVE – Une autre aurait paru effroyable en l'état où elle était, car elle n'avait pour habillement qu'une méchante[2] petite jupe, avec des brassières[3] de nuit qui étaient de simple futaine[4], et sa coiffure était une cornette[5] jaune, retroussée au haut de sa tête, qui laissait tomber en désordre ses cheveux sur ses épaules ; et cependant, faite comme cela, elle brillait de mille attraits, et ce n'était qu'agréments et que charmes que toute sa personne.

SCAPIN – Je sens venir les choses.

OCTAVE – Si tu l'avais vue, Scapin, en l'état que je dis, tu l'aurais trouvée admirable.

SCAPIN – Oh ! je n'en doute point ; et, sans l'avoir vue, je vois bien qu'elle était tout à fait charmante.

OCTAVE – Ses larmes n'étaient point de ces larmes désagréables qui défigurent un visage ; elle avait à pleurer une grâce touchante, et sa douleur était la plus belle du monde.

SCAPIN – Je vois tout cela.

Notes

1. **qui faisait des regrets :** qui exprimait son chagrin par des lamentations.
2. **méchante :** de mauvaise qualité.
3. **brassières :** chemises de femme à manches longues.
4. **futaine :** tissu de fil et de coton.
5. **cornette :** bonnet de nuit pour les femmes.

OCTAVE – Elle faisait fondre chacun en larmes, en se jetant amoureusement[1] sur le corps de cette mourante, qu'elle appelait sa chère mère, et il n'y avait personne qui n'eût l'âme percée de voir un si bon naturel[2].

SCAPIN – En effet, cela est touchant, et je vois bien que ce bon naturel-là vous la fit aimer.

OCTAVE – Ah ! Scapin, un barbare[3] l'aurait aimée.

SCAPIN – Assurément : le moyen de s'en empêcher ?

OCTAVE – Après quelques paroles, dont je tâchai d'adoucir la douleur de cette charmante affligée, nous sortîmes de là ; et demandant à Léandre ce qu'il lui semblait de cette personne, il me répondit froidement qu'il la trouvait assez jolie. Je fus piqué[4] de la froideur avec laquelle il m'en parlait, et je ne voulus point lui découvrir l'effet que ses beautés avaient fait sur mon âme.

SYLVESTRE, *à Octave* – Si vous n'abrégez ce récit, nous en voilà pour jusqu'à demain. Laissez-le-moi finir en deux mots. *(À Scapin.)* Son cœur prend feu dès ce moment. Il ne saurait plus vivre, qu'il n'aille consoler son aimable[5] affligée. Ses fréquentes visites sont rejetées de la servante, devenue la gouvernante par le trépas[6] de la mère : voilà mon homme au désespoir. Il presse, supplie, conjure[7] : point d'affaire[8]. On lui dit que la fille, quoique sans bien et sans appui[9], est de famille honnête et qu'à moins que de l'épouser, on ne peut souffrir[10] ses poursuites[11]. Voilà son amour augmenté par les difficultés.

Notes

1. **amoureusement** : avec une grande affection.
2. **un si bon naturel** : un caractère si tendre.
3. **un barbare** : un homme doté d'un cœur insensible.
4. **piqué** : vexé.
5. **aimable** : digne d'être aimée.
6. **trépas** : décès.
7. **conjure** : supplie au nom de ce qu'il y a de plus sacré.
8. **point d'affaire** : rien à faire, en pure perte.
9. **sans appui** : sans protection.
10. **souffrir** : supporter, tolérer.
11. **poursuites** : la cour qu'il vient lui faire.

Il consulte dans sa tête[1], agite, raisonne, balance[2], prend sa résolution : le voilà marié avec elle depuis trois jours.

SCAPIN – J'entends[3].

SYLVESTRE – Maintenant, mets avec cela le retour imprévu du père, qu'on n'attendait que dans deux mois ; la découverte que l'oncle a faite du secret de notre mariage, et l'autre mariage qu'on veut faire de lui avec la fille que le seigneur Géronte a eue d'une seconde femme qu'on dit qu'il a épousée à Tarente.

OCTAVE – Et par-dessus tout cela, mets encore l'indigence[4] où se trouve cette aimable personne et l'impuissance où je me vois d'avoir de quoi la secourir.

SCAPIN – Est-ce là tout ? Vous voilà bien embarrassés tous deux pour une bagatelle[5]. C'est bien là de quoi se tant alarmer. N'as-tu point de honte, toi, de demeurer court[6] à si peu de chose ? Que diable ! te voilà grand et gros comme père et mère, et tu ne saurais trouver dans ta tête, forger dans ton esprit quelque ruse galante[7], quelque honnête[8] petit stratagème[9], pour ajuster vos affaires ? Fi ! peste soit du butor ! Je voudrais bien que l'on m'eût donné autrefois nos vieillards à duper ; je les aurais joués tous deux par-dessous la jambe[10], et je n'étais pas plus grand que cela que je me signalais déjà par cent tours d'adresse jolis[11].

SYLVESTRE – J'avoue que le Ciel ne m'a pas donné tes talents, et que je n'ai pas l'esprit, comme toi, de me brouiller avec la justice.

OCTAVE – Voici mon aimable Hyacinte.

Notes

1. **il consulte dans sa tête** : il réfléchit.
2. **balance** : hésite.
3. **j'entends** : je comprends.
4. **indigence** : pauvreté.
5. **une bagatelle** : un rien.
6. **demeurer court** : ne pas savoir quoi faire.
7. **ruse galante** : tour amusant.
8. **honnête** : digne d'être considéré.
9. **stratagème** : manœuvre bien organisée.
10. **jouer quelqu'un par-dessous la jambe** : tromper. Image probablement empruntée au jeu de paume.
11. **jolis** : remarquables.

Marie-Maurice de Féraudy (1859-1932), sociétaire de la Comédie-Française, dans le rôle de Scapin.

Au fil du texte

Questions sur l'acte I, scène 2 (pages 13 à 19)

QUE S'EST-IL PASSÉ ENTRE-TEMPS ?

1. Comment se présente la situation avant que Scapin paraisse ?

AVEZ-VOUS BIEN LU ?

2. Quel changement entraîne l'arrivée de Scapin ?

3. Que fait Scapin dans le passage des lignes 5 à 36 ?

4. En vous aidant du texte des lignes 37 à 106, faites correspondre chaque élément précédé d'une lettre à un élément précédé d'un chiffre, et reconstituez les phrases.

a) *« Tu sais, Scapin, qu'il y a deux mois que le seigneur Géronte et mon père s'embarquèrent ensemble*

b) *« Quelque temps après, Léandre fit rencontre d'une*

c) *« Il me querellait quelquefois de n'être pas assez sensible aux choses qu'il me venait dire, et*

d) *« Un jour que je l'accompagnais pour aller chez les gens qui gardent l'objet de ses vœux,*

e) *« Nous entrons dans une salle, où nous voyons une vieille femme mourante, assistée d'une servante qui faisait des regrets, et*

f) *« Je fus piqué de la froideur avec laquelle il m'en parlait, et*

1. *je ne voulus point lui découvrir l'effet que ses beautés avaient fait sur mon âme. »*

2. *me blâmait sans cesse de l'indifférence où j'étais pour les feux de l'amour. »*

3. *d'une jeune fille toute fondante en larmes, la plus belle et la plus touchante qu'on puisse jamais voir. »*

4. *pour un voyage qui regarde certain commerce où leurs intérêts sont mêlés. »*

5. *jeune Égyptienne dont il devint amoureux. »*

6. *nous entendîmes, dans une petite maison d'une rue écartée, quelques plaintes mêlées de beaucoup de sanglots. »*

5 Pourquoi Sylvestre achève-t-il le récit d'Octave (l. 107 jusqu'à la fin de la scène) ?

ÉTUDIER LE VOCABULAIRE

6 Cochez le ou les mots qui peuvent remplacer celui qui est souligné dans la phrase par un trait, sans en changer le sens.
« il y a peu de choses qui me soient impossibles, quand je m'en veux mêler » (l. 18-19)

❑ exploits ❑ solutions

❑ crimes ❑ affaires

7 Faites le même exercice pour le mot souligné en pointillés.

❑ occuper ❑ donner la peine

❑ désintéresser ❑ satisfaire

8 Repérez le passage où apparaît le nom *« fourberies »*. Quelle définition Scapin en donne-t-il ?

ÉTUDIER LE DISCOURS

9 Que fait Scapin dans le passage de la ligne 12 à la ligne 27 ? Cochez la réponse.

❑ Il raconte une histoire.

❑ Il décrit son caractère.

10. Cochez la question à laquelle répond la phrase que vous venez de choisir.

- ❑ Que t'est-il arrivé, Scapin ?
- ❑ Quelle sorte d'homme es-tu, Scapin ?

11. Ces propos de Scapin vous ont-ils renseigné sur le caractère ou sur l'histoire de Scapin ?

12. Que fait Octave dans le passage de la ligne 37 à la ligne 106 ? Cochez la réponse.

- ❑ Il raconte une histoire.
- ❑ Il décrit son caractère.

13. Cochez la question à laquelle répond la phrase que vous venez de choisir.

- ❑ Que vous est-il arrivé, seigneur Octave ?
- ❑ Quelle sorte d'homme êtes-vous, seigneur Octave ?

14. Ces propos d'Octave vous ont-ils renseigné sur le caractère ou sur l'histoire d'Octave ?

À VOS PLUMES

15. *« Si vous n'abrégez ce récit, nous en voilà pour jusqu'à demain. Laissez-le-moi finir en deux mots. »* (l. 107-108).
En 15-20 lignes écrivez une histoire différente de celle racontée par Sylvestre, sachant que, pour finir, Octave et Hyacinte doivent être mariés.

LIRE L'IMAGE

16. En quoi les deux images de Scapin, pages 18 et 19 se ressemblent-elles ? En quoi diffèrent-elles ? Quelle est celle qui correspond le plus à l'idée que vous vous faites du personnage ?

SCÈNE 3

HYACINTE, OCTAVE, SCAPIN, SYLVESTRE

1 HYACINTE – Ah ! Octave, est-il vrai ce que Sylvestre vient de dire à Nérine ? que votre père est de retour et qu'il veut vous marier ?

OCTAVE – Oui, belle Hyacinte, et ces nouvelles m'ont donné une atteinte[1] cruelle. Mais que vois-je ? vous pleurez ! Pourquoi ces larmes ? Me soupçonnez-vous, dites-moi, de quelque infidélité, et n'êtes-vous pas assurée de l'amour que j'ai pour vous ?

HYACINTE – Oui, Octave, je suis sûre que vous m'aimez ; mais je ne le suis pas que vous m'aimiez toujours.

OCTAVE – Eh ! peut-on vous aimer qu'on ne vous aime toute sa vie ?

HYACINTE – J'ai ouï dire, Octave, que votre sexe aime moins longtemps que le nôtre, et que les ardeurs[2] que les hommes font voir sont des feux qui s'éteignent aussi facilement qu'ils naissent.

OCTAVE – Ah ! ma chère Hyacinte, mon cœur n'est donc pas fait comme celui des autres hommes, et je sens bien, pour moi, que je vous aimerai jusqu'au tombeau.

HYACINTE – Je veux croire que vous sentez ce que vous dites, et je ne doute point que vos paroles ne soient sincères ; mais je crains un pouvoir[3] qui combattra dans votre cœur les tendres sentiments que vous pouvez avoir pour moi. Vous dépendez d'un père, qui veut vous marier à une autre personne ; et je suis sûre que je mourrai, si ce malheur m'arrive.

Notes

1. **atteinte** : coup.
2. **les ardeurs** : l'amour.
3. **un pouvoir** : l'autorité paternelle.

OCTAVE – Non, belle Hyacinte, il n'y a point de père qui puisse me contraindre à vous manquer de foi[1], et je me résoudrai à quitter mon pays, et le jour même, s'il est besoin, plutôt qu'à vous quitter. J'ai déjà pris, sans l'avoir vue, une aversion[2] effroyable pour celle que l'on me destine ; et, sans être cruel, je souhaiterais que la mer l'écartât d'ici pour jamais. Ne pleurez donc point, je vous prie, mon aimable Hyacinte, car vos larmes me tuent, et je ne les puis voir sans me sentir percer le cœur.

HYACINTE – Puisque vous le voulez, je veux bien essuyer mes pleurs, et j'attendrai d'un œil constant[3] ce qu'il plaira au Ciel de résoudre[4] de moi.

OCTAVE – Le Ciel nous sera favorable.

HYACINTE – Il ne saurait m'être contraire, si vous m'êtes fidèle.

OCTAVE – Je le serai assurément.

HYACINTE – Je serai donc heureuse.

SCAPIN, *à part* – Elle n'est pas tant sotte, ma foi ! et je la trouve assez passable[5].

OCTAVE, *montrant Scapin* – Voici un homme qui pourrait bien, s'il le voulait, nous être, dans tous nos besoins, d'un secours merveilleux.

SCAPIN – J'ai fait de grands serments de ne me mêler plus du monde ; mais, si vous m'en priez bien fort tous deux, peut-être...

OCTAVE – Ah ! s'il ne tient qu'à te prier bien fort pour obtenir ton aide, je te conjure de tout mon cœur de prendre la conduite de notre barque.

SCAPIN, *à Hyacinte* – Et vous, ne me dites-vous rien ?

Notes

1. **à vous manquer de foi** : à trahir la parole que je vous ai donnée.
2. **aversion** : haine.
3. **d'un œil constant** : en montrant patience et fermeté.
4. **résoudre** : décider.
5. **passable** : qui mérite d'être remarquée.

HYACINTE – Je vous conjure, à son exemple, par tout ce qui vous est le plus cher au monde, de vouloir servir notre amour.

SCAPIN – Il faut se laisser vaincre et avoir de l'humanité[1]. Allez, je veux m'employer pour vous.

OCTAVE – Crois que...

SCAPIN – Chut! *(À Hyacinte.)* Allez-vous-en, vous, et soyez en repos. *(À Octave.)* Et vous, préparez-vous à soutenir avec fermeté l'abord[2] de votre père.

OCTAVE – Je t'avoue que cet abord me fait trembler par avance, et j'ai une timidité[3] naturelle que je ne saurais vaincre.

SCAPIN – Il faut pourtant paraître ferme au premier choc de peur que, sur votre faiblesse, il ne prenne le pied de[4] vous mener comme un enfant. Là, tâchez de vous composer par étude[5]. Un peu de hardiesse, et songez à répondre résolument sur tout ce qu'il pourra vous dire.

OCTAVE – Je ferai du mieux que je pourrai.

SCAPIN – Çà, essayons un peu, pour vous accoutumer. Répétons un peu votre rôle et voyons si vous ferez bien. Allons. La mine résolue, la tête haute, les regards assurés.

OCTAVE – Comme cela?

SCAPIN – Encore un peu davantage.

OCTAVE – Ainsi?

SCAPIN – Bon. Imaginez-vous que je suis votre père qui arrive, et répondez-moi fermement, comme si c'était à lui-même. «Comment! pendard, vaurien, infâme, fils indigne d'un père comme moi, oses-tu bien paraître devant mes yeux, après tes

Notes

1. **avoir de l'humanité** : être sensible au malheur des autres.
2. **l'abord** : la rencontre.
3. **timidité** : manque d'assurance, de confiance en soi.
4. **il ne prenne le pied de** : il n'en profite pour.
5. **de vous composer par étude** : de travailler à vous donner une autre apparence.

bons déportements[1], après le lâche tour que tu m'as joué pendant mon absence? Est-ce là le fruit[2] de mes soins, maraud[3]? est-ce là le fruit de mes soins? le respect qui m'est dû? le respect que tu me conserves?» Allons donc! «Tu as l'insolence, fripon, de t'engager sans le consentement de ton père, de contracter un mariage clandestin? Réponds-moi coquin, réponds-moi. Voyons un peu tes belles raisons.» Oh! que diable! vous demeurez interdit[4]!

OCTAVE – C'est que je m'imagine que c'est mon père que j'entends.

SCAPIN – Eh! oui. C'est par cette raison qu'il ne faut pas être comme un innocent[5].

OCTAVE – Je m'en vais prendre plus de résolution, et je répondrai fermement.

SCAPIN – Assurément?

OCTAVE – Assurément.

SYLVESTRE – Voilà votre père qui vient.

OCTAVE, *s'enfuyant* – Ô Ciel! je suis perdu!

SCAPIN – Holà! Octave, demeurez, Octave! Le voilà enfui. Quelle pauvre espèce d'homme! Ne laissons pas d'attendre le vieillard.

SYLVESTRE – Que lui dirai-je?

SCAPIN – Laisse-moi dire, moi, et ne fais que me suivre.

Notes

1. **déportements** : écarts de conduite.
2. **fruit** : résultat.
3. **maraud** : mendiant, filou.
4. **interdit** : sans voix.
5. **innocent** : nigaud, niais.

Au fil du texte

Questions sur l'acte I, scène 3 (pages 24 à 27)

Que s'est-il passé entre-temps ?

1) *« J'ai fait de grands serments de ne me mêler plus du monde ; mais si vous m'en priez bien fort tous deux, peut-être… »* déclare Scapin à Octave (l. 47-49). Relevez dans la scène 2 le passage qui permet de comprendre cette déclaration.

Avez-vous bien lu ?

2) Décomposez cette scène en deux parties et donnez-leur un titre.

3) Répondez à chaque question en mettant une croix dans la case VRAI ou FAUX.

a) Hyacinte est en larmes parce qu'elle redoute qu'Octave obéisse à son père, épouse la jeune fille que celui-ci lui destine et cesse de l'aimer. ❑ Vrai ❑ Faux

b) Les réponses d'Octave ne sont pas de nature à rassurer Hyacinte. ❑ Vrai ❑ Faux

c) Le dialogue entre Octave et Hyacinte est un dialogue amoureux. ❑ Vrai ❑ Faux

d) Scapin ne cesse d'interrompre les deux jeunes gens. ❑ Vrai ❑ Faux

4) Dans les répliques de Scapin (l. 60 à 87), trouvez deux phrases synonymes de l'expression suivante : *« Répétons un peu votre rôle »* (l. 70-71).

5 Quel est le rôle que joue Scapin (l. 60 à 87) ? Cochez la réponse qui vous paraît la plus juste.

- ❑ le rôle d'Argante
- ❑ le rôle de directeur d'acteurs
- ❑ le rôle d'un valet insolent

Étudier la grammaire

6 Étudiez les quatre phrases ci-dessous à l'aide des questions qui suivent. Inscrivez à côté de chaque numéro de phrase la lettre de la réponse qui convient.

1) *« Il faut pourtant paraître ferme au premier choc »* (l. 64).

2) *« Imaginez-vous que je suis votre père [...], et répondez moi fermement »* (l . 76-77).

3) *« Est-ce là le fruit de mes soins ? »* (l. 81).

4) « Oh ! que diable ! vous demeurez interdit ! » (l. 86-87).

Que fait Scapin, lorsqu'il prononce cette phrase ?

a) Il s'exclame.

b) Il pose une question à Octave.

c) Il donne son avis à Octave.

d) Il donne un ordre à Octave.

1) ...... **2)** .... **3)** .... **4)** ....

7 À quel mode est le verbe dans ces phrases ?

a) subjonctif **b)** indicatif **c)** impératif **d)** participe **e)** gérondif

1) .... **2)** .... **3)** .... **4)** ....

8) Où est placé le sujet dans les phrases ci-dessus ?

a) avant le verbe **b)** après le verbe **c)** il n'y en a pas

1) .... **2)** .... **3)** .... **4)** ....

9) Quel est le type de chacune des phrases ci-dessus ?

a) déclarative **b)** interrogative **c)** impérative **d)** exclamative

1) .... **2)** .... **3)** .... **4)** ......

10) Quel est le seul type de phrase qui ne soit pas représenté aux lignes 76 à 87 ? À votre avis, pourquoi ?

À VOS PLUMES !

11) « *Voilà votre père qui vient* » (l. 96). Imaginez le dialogue qui aurait pu avoir lieu entre le père et le fils si Octave ne s'était pas enfui. Tous les types de phrase doivent y être représentés.

MISE EN SCÈNE

12) Jouez avec un camarade la réplique de Scapin des lignes 76 à 87. Imaginez l'attitude et les expressions d'Octave pendant que Scapin parle.

SCÈNE 4

ARGANTE SYLVESTRE et Scapin

ARGANTE, *se croyant seul* – A-t-on jamais ouï parler d'une action pareille à celle-là ?

SCAPIN, *à Sylvestre* – Il a déjà appris l'affaire, et elle lui tient si fort en tête, que tout seul il en parle haut.

ARGANTE, *se croyant seul* – Voilà une témérité[1] bien grande !

SCAPIN, *à Sylvestre* – Écoutons-le un peu.

ARGANTE, *se croyant seul* – Je voudrais bien savoir ce qu'ils me pourront dire sur ce beau mariage.

SCAPIN, *à part* – Nous y avons songé.

ARGANTE, *se croyant seul* – Tâcheront-ils de me nier la chose ?

SCAPIN, *à part* – Non, nous n'y pensons pas.

ARGANTE, *se croyant seul* – Ou s'ils entreprendront de l'excuser ?

SCAPIN, *à part* – Celui-là se pourra faire.

ARGANTE, *se croyant seul* – Prétendront-ils m'amuser par des contes en l'air[2] ?

SCAPIN, *à part* – Peut-être.

ARGANTE, *se croyant seul* – Tous leurs discours seront inutiles.

SCAPIN, *à part* – Nous allons voir.

ARGANTE, *se croyant seul* – Ils ne m'en donneront point à garder[3].

SCAPIN, *à part* – Ne jurons de rien.

ARGANTE, *se croyant seul* – Je saurai mettre mon pendard[4] de fils en lieu de sûreté[5].

Notes

1. **témérité** : audace.
2. **des contes en l'air** : des histoires à dormir debout.
3. **ils ne m'en donneront point à garder** : ils ne me feront pas croire n'importe quoi.
4. **pendard** : vaurien.
5. **en lieu de sûreté** : dans l'esprit d'Argante, en prison.

SCAPIN, *à part* – Nous y pourvoirons[1].

ARGANTE, *se croyant seul* – Et pour le coquin de Sylvestre, je le rouerai de coups.

SYLVESTRE, *à Scapin* – J'étais[2] bien étonné s'il m'oubliait.

ARGANTE, *apercevant Sylvestre* – Ah, ah ! vous voilà donc, sage gouverneur de famille, beau directeur de jeunes gens !

SCAPIN – Monsieur, je suis ravi de vous voir de retour.

ARGANTE – Bonjour, Scapin. *(À Sylvestre.)* Vous avez suivi mes ordres vraiment d'une belle manière, et mon fils s'est comporté fort sagement pendant mon absence !

SCAPIN – Vous vous portez bien, à ce que je vois ?

ARGANTE – Assez bien. *(À Sylvestre.)* Tu ne dis mot, coquin, tu ne dis mot !

SCAPIN – Votre voyage a-t-il été bon ?

ARGANTE – Mon Dieu ! fort bon. Laisse-moi un peu quereller en repos.

SCAPIN – Vous voulez quereller ?

ARGANTE – Oui, je veux quereller.

SCAPIN – Et qui, monsieur ?

ARGANTE, *montrant Sylvestre* – Ce maraud[3]-là.

SCAPIN – Pourquoi ?

ARGANTE – Tu n'as pas ouï parler de ce qui s'est passé dans mon absence ?

SCAPIN – J'ai bien ouï parler de quelque petite chose.

ARGANTE – Comment, quelque petite chose ! Une action de cette nature !

SCAPIN – Vous avez quelque raison.

Notes

1. **nous y pourvoirons** : nous ferons le nécessaire.

2. **j'étais** : j'aurais été.

3. **maraud** : mendiant, filou.

ARGANTE – Une hardiesse pareille à celle-là ?

SCAPIN – Cela est vrai.

ARGANTE – Un fils qui se marie sans le consentement de son père ?

SCAPIN – Oui, il y a quelque chose à dire à cela. Mais je serais d'avis que vous ne fissiez point de bruit.

ARGANTE – Je ne suis pas de cet avis, moi, et je veux faire du bruit tout mon soûl[1]. Quoi ? tu ne trouves pas que j'aie tous les sujets du monde d'être en colère ?

SCAPIN – Si fait. J'y ai d'abord été, moi, lorsque j'ai su la chose, et je me suis intéressé pour vous[2], jusqu'à quereller votre fils. Demandez-lui un peu quelles belles réprimandes je lui ai faites, et comme je l'ai chapitré[3] sur le peu de respect qu'il gardait à un père dont il devait baiser les pas ? On ne peut pas lui mieux parler, quand ce serait[4] vous-même. Mais quoi ? je me suis rendu à la raison, et j'ai considéré que, dans le fond, il n'a pas tant de tort qu'on pourrait croire.

ARGANTE – Que me viens-tu conter ? Il n'a pas tant de tort de s'aller marier de but en blanc[5] avec une inconnue ?

SCAPIN – Que voulez-vous ? il y a été poussé par sa destinée.

ARGANTE – Ah, ah ! voici une raison la plus belle du monde. On n'a plus qu'à commettre tous les crimes imaginables, tromper, voler, assassiner, et dire pour excuse qu'on y a été poussé par sa destinée.

SCAPIN – Mon Dieu ! vous prenez mes paroles trop en philosophe. Je veux dire qu'il s'est trouvé fatalement engagé dans cette affaire.

ARGANTE – Et pourquoi s'y engageait-il ?

Notes

1. **tout mon soûl** : autant que je veux.
2. **je me suis intéressé pour vous** : j'ai pris votre parti.
3. **je l'ai chapitré** : je lui ai fait la leçon.
4. **ce serait** : cela aurait été.
5. **de but en blanc** : sans prévenir.

SCAPIN – Voulez-vous qu'il soit aussi sage que vous ? Les jeunes gens sont jeunes, et n'ont pas toute la prudence qu'il leur faudrait pour ne rien faire que de raisonnable : témoin notre Léandre, qui, malgré toutes mes leçons, malgré toutes mes remontrances, est allé faire, de son côté, pis encore que votre fils. Je voudrais bien savoir si vous-même n'avez pas été jeune et n'avez pas, dans votre temps, fait des fredaines comme les autres. J'ai ouï dire, moi, que vous avez été autrefois un compagnon parmi les femmes[1], que vous faisiez de votre drôle[2] avec les plus galantes[3] de ce temps-là, et que vous n'en approchiez point que vous ne poussassiez à bout[4].

ARGANTE – Cela est vrai, j'en demeure d'accord ; mais je m'en suis toujours tenu à la galanterie, et je n'ai point été jusqu'à faire ce qu'il a fait.

SCAPIN – Que vouliez-vous qu'il fît ? Il voit une jeune personne qui lui veut du bien (car il tient cela de vous, d'être aimé de toutes les femmes). Il la trouve charmante. Il lui rend des visites, lui conte des douceurs, soupire galamment, fait le passionné. Elle se rend à sa poursuite[5]. Il pousse sa fortune[6]. Le voilà surpris avec elle par ses parents, qui, la force à la main[7], le contraignent de l'épouser.

SYLVESTRE, *à part* – L'habile fourbe que voilà !

SCAPIN – Eussiez-vous voulu qu'il se fût laissé tuer ? Il vaut mieux encore être marié qu'être mort.

ARGANTE – On ne m'a pas dit que l'affaire se soit ainsi passée.

Notes

1. **un compagnon parmi les femmes** : qui consacre beaucoup de temps à la fréquentation des femmes.
2. **faire de son drôle** : mener joyeuse vie.
3. **galantes** : femmes faciles.
4. **que vous ne poussassiez à bout** : que vous n'en obteniez les faveurs.
5. **elle se rend à sa poursuite** : elle accepte ses avances.
6. **il pousse sa fortune** : il profite de sa chance.
7. **la force à la main** : une arme à la main.

SCAPIN, *montrant Sylvestre* – Demandez-lui plutôt : il ne vous dira pas le contraire.

ARGANTE, *à Sylvestre* – C'est par force qu'il a été marié ?

SYLVESTRE – Oui, monsieur.

SCAPIN – Voudrais-je vous mentir ?

ARGANTE – Il devait donc aller tout aussitôt protester de violence[1] chez un notaire.

SCAPIN – C'est ce qu'il n'a pas voulu faire.

ARGANTE – Cela m'aurait donné plus de facilité à rompre ce mariage.

SCAPIN – Rompre ce mariage !

ARGANTE – Oui.

SCAPIN – Vous ne le romprez point.

ARGANTE – Je ne le romprai point ?

SCAPIN – Non.

ARGANTE – Quoi ? je n'aurai pas pour moi les droits de père, et la raison[2] de la violence qu'on a faite à mon fils ?

SCAPIN – C'est une chose dont il ne demeurera pas d'accord.

ARGANTE – Il n'en demeurera pas d'accord ?

SCAPIN – Non.

ARGANTE – Mon fils ?

SCAPIN – Votre fils. Voulez-vous qu'il confesse qu'il ait été capable de crainte, et que ce soit par force qu'on lui ait fait faire les choses ? Il n'a garde d'aller avouer cela. Ce serait se faire tort, et se montrer indigne d'un père comme vous.

ARGANTE – Je me moque de cela.

Notes

1. **protester de violence** : faire appel à la justice pour avoir été obligé d'agir sous la contrainte.

2. **la raison** : la réparation.

SCAPIN – Il faut, pour son honneur et pour le vôtre, qu'il dise dans le monde que c'est de bon gré qu'il l'a épousée.

ARGANTE – Et je veux, moi, pour mon honneur et pour le sien, qu'il dise le contraire.

SCAPIN – Non, je suis sûr qu'il ne le fera pas.

ARGANTE – Je l'y forcerai bien.

SCAPIN – Il ne le fera pas, vous dis-je.

ARGANTE – Il le fera, ou je le déshériterai.

SCAPIN – Vous ?

ARGANTE – Moi.

SCAPIN – Bon !

ARGANTE – Comment, bon ?

SCAPIN – Vous ne le déshériterez point.

ARGANTE – Je ne le déshériterai point ?

SCAPIN – Non.

ARGANTE – Non ?

SCAPIN – Non.

ARGANTE – Ouais ! voici qui est plaisant. Je ne déshériterai point mon fils ?

SCAPIN – Non, vous dis-je.

ARGANTE – Qui m'en empêchera ?

SCAPIN – Vous-même.

ARGANTE – Moi ?

SCAPIN – Oui. Vous n'aurez pas ce cœur-là.

ARGANTE – Je l'aurai.

SCAPIN – Vous vous moquez.

ARGANTE – Je ne me moque point.

SCAPIN – La tendresse paternelle fera son office[1].

ARGANTE – Elle ne fera rien.

SCAPIN – Oui, oui.

ARGANTE – Je vous dis que cela sera.

SCAPIN – Bagatelles !

ARGANTE – Il ne faut point dire : Bagatelles !

SCAPIN – Mon Dieu ! je vous connais, vous êtes bon naturellement.

ARGANTE – Je ne suis point bon, et je suis méchant quand je veux. Finissons ce discours qui m'échauffe la bile[2]. *(À Sylvestre.)* Va-t'en, pendard, va-t'en me chercher mon fripon, tandis que j'irai rejoindre le seigneur Géronte, pour lui conter ma disgrâce[3].

SCAPIN – Monsieur, si je vous puis être utile en quelque chose, vous n'avez qu'à me commander.

ARGANTE – Je vous remercie. *(À part.)* Ah ! pourquoi faut-il qu'il soit fils unique ! et que n'ai-je à cette heure la fille que le Ciel m'a ôtée, pour la faire mon héritière !

Notes

1. **son office** : son devoir.

2. **qui m'échauffe la bile** : qui me met en colère.

3. **ma disgrâce** : mon malheur.

Au fil du texte

Questions sur l'acte I, scène 4 (pages 31 à 37)

AVEZ-VOUS BIEN LU ?

1. Argante ressemble-t-il au personnage que jouait Scapin dans la scène 3 ? Justifiez votre réponse.

2. Pourquoi Scapin se retrouve-t-il seul pour affronter Argante ?

3. Comment Scapin s'y prend-il pour engager la conversation avec Argante ?

4. Énumérez les raisons que Scapin présente à Argante pour le persuader qu'il ne fera pas casser ce mariage.

ÉTUDIER LE DISCOURS

5. Quel est le destinataire* d'Argante dans les répliques suivantes ? Inscrivez la (ou les) lettre(s) correspondant à la réponse dans la case :

*** *destinataire* : celui à qui l'on parle.**

a) lui-même **b)** le public **c)** Scapin
d) Sylvestre **e)** Scapin et Sylvestre

– lignes 1-2 : « ARGANTE, *se croyant seul – A-t-on jamais ouï parler d'une action pareille à celle-là ?* » ☐

– ligne 42 : « ARGANTE, *montrant Sylvestre – Ce maraud-là.* » ☐

– ligne 105 : « ARGANTE, *à Sylvestre – C'est par force qu'il a été marié ?* » ☐

6. Quel est le destinataire de Scapin dans les répliques suivantes ?

a) lui-même **b)** le public **c)** Argante
d) Sylvestre **e)** Argante et Sylvestre

– ligne 9 : « SCAPIN, *à part – Nous y avons songé.* » ☐

– ligne 29 : « SCAPIN – *Monsieur, je suis ravi de vous voir de retour.* » ☐

– lignes 103-104 : « SCAPIN, *montrant Sylvestre – Demandez-lui plutôt : il ne vous dira pas le contraire.* » ☐

7. Quel est le destinataire de Sylvestre dans les répliques suivantes ?

a) lui-même **b)** le public **c)** Argante **d)** Scapin **e)** Argante et Scapin

– ligne 26 : « SYLVESTRE, *à Scapin – J'étais bien étonné s'il m'oubliait.* » ☐

– ligne 99 : « SYLVESTRE, *à part – L'habile fourbe que voilà !* » ☐

8. Quelle est la réponse qui revient toujours ? Demandez-vous pourquoi.

9. Comment pouvez-vous identifier l'énonciateur* ?

**** énonciateur :* celui qui parle.**

ÉTUDIER L'ÉCRITURE

10. Quelles remarques pouvez-vous faire sur le rythme auquel Scapin et Argante échangent leurs répliques des lignes 133 à 163 ?

À VOS PLUMES !

Situation d'énonciation

On décrit la situation d'énonciation (ou situation de communication) en repérant et en identifiant quatre éléments : les personnages qui parlent, les propos échangés, le lieu et le temps où se tiennent ces personnes.

11 Résumez l'énoncé* d'Argante d'une part, celui de Scapin d'autre part, dans les lignes 1 à 25.

12 Décrivez la situation d'énonciation des lignes 1 à 25.

*** *énoncé* : suite de mots émise par celui qui parle, au moment et à l'endroit précis où il émet cette suite de mots.**

Mise en scène

13 Définissez les tons sur lesquels Argante, Scapin et Sylvestre s'expriment dans cette scène. Vous pourrez ensuite essayer de la jouer.

SCÈNE 5

SCAPIN, SYLVESTRE

SYLVESTRE – J'avoue que tu es un grand homme, et voilà l'affaire en bon train ; mais l'argent, d'autre part, nous presse pour notre subsistance[1], et nous avons, de tous côtés, des gens qui aboient après nous[2].

SCAPIN – Laisse-moi faire, la machine[3] est trouvée. Je cherche seulement dans ma tête un homme qui nous soit affidé[4], pour jouer un personnage dont j'ai besoin. Attends. Tiens-toi un peu. Enfonce ton bonnet en méchant garçon. Campe-toi sur un pied. Mets la main au côté. Fais les yeux furibonds. Marche un peu en roi de théâtre. Voilà qui est bien. Suis-moi. J'ai des secrets pour déguiser ton visage et ta voix.

SYLVESTRE – Je te conjure au moins de ne m'aller point brouiller avec la justice.

SCAPIN – Va, va, nous partagerons les périls en frères ; et trois ans de galère de plus ou de moins ne sont pas pour arrêter un noble cœur.

Notes

1. **l'argent [...] nous presse pour notre subsistance** : nous avons un besoin urgent d'argent.
2. **des gens qui aboient après nous** : des gens qui nous réclament, à grand renfort de menaces, l'argent que nous leur devons.
3. **la machine** : la ruse.
4. **qui nous soit affidé** : en qui nous puissions avoir confiance.

Les Fourberies de Scapin
Gravure de Jacques Le Jeune, Amsterdam, 1684.

Acte II

SCÈNE 1

GÉRONTE, ARGANTE

GÉRONTE – Oui, sans doute, par le temps qu'il fait, nous aurons ici nos gens aujourd'hui ; et un matelot qui vient de Tarente m'a assuré qu'il avait vu mon homme qui était près de s'embarquer. Mais l'arrivée de ma fille trouvera les choses mal disposées à ce que nous nous proposions, et ce que vous venez de m'apprendre de votre fils rompt étrangement[1] les mesures que nous avions prises ensemble.

ARGANTE – Ne vous mettez pas en peine : je vous réponds[2] de renverser tout cet obstacle, et j'y vais travailler de ce pas.

GÉRONTE – Ma foi! seigneur Argante, voulez-vous que je vous dise? l'éducation des enfants est une chose à quoi il faut s'attacher[3] fortement.

Argante – Sans doute. À quel propos cela?

GÉRONTE – À propos de ce que les mauvais déportements[4] des jeunes gens viennent le plus souvent de la mauvaise éducation que leurs pères leur donnent.

ARGANTE – Cela arrive parfois. Mais que voulez-vous dire par là?

Notes

1. **étrangement** : d'une manière extraordinaire, inattendue.
2. **je vous réponds** : je vous promets.
3. **s'attacher** : s'intéresser.
4. **déportements** : écarts de conduite.

GÉRONTE – Ce que je veux dire par là ?

ARGANTE – Oui.

GÉRONTE – Que si vous aviez, en brave père, bien morigéné[1] votre fils, il ne vous aurait pas joué le tour qu'il vous a fait.

ARGANTE – Fort bien. De sorte donc que vous avez bien mieux morigéné le vôtre ?

GÉRONTE – Sans doute, et je serais bien fâché qu'il m'eût rien fait approchant de cela.

ARGANTE – Et si ce fils que vous avez, en brave père, si bien morigéné, avait fait pis encore que le mien ? eh ?

GÉRONTE – Comment ?

ARGANTE – Comment ?

GÉRONTE – Qu'est-ce que cela veut dire ?

ARGANTE – Cela veut dire, seigneur Géronte, qu'il ne faut pas être si prompt[2] à condamner la conduite des autres ; et que ceux qui veulent gloser[3] doivent bien regarder chez eux s'il n'y a rien qui cloche.

GÉRONTE – Je n'entends point cette énigme.

ARGANTE – On vous l'expliquera.

GÉRONTE – Est-ce que vous auriez ouï dire quelque chose de mon fils ?

ARGANTE – Cela se peut faire.

GÉRONTE – Et quoi encore ?

ARGANTE – Votre Scapin, dans mon dépit[4], ne m'a dit la chose qu'en gros ; et vous pourrez, de lui ou de quelque autre, être instruit du détail. Pour moi, je vais vite consulter un avocat, et aviser des biais[5] que j'ai à prendre. Jusqu'au revoir.

Notes

1. **morigéné** : élevé.
2. **prompt** : rapide.
3. **gloser** : critiquer.
4. **dans mon dépit** : dans ma colère.
5. **biais** : moyens détournés.

SCÈNE 2

LÉANDRE, GÉRONTE

GÉRONTE, *seul* – Que pourrait-ce être que cette affaire-ci? Pis encore que le sien? Pour moi, je ne vois pas ce que l'on peut faire de pis ; et je trouve que se marier sans le consentement de son père est une action qui passe tout ce qu'on peut s'imaginer. Ah! vous voilà!

LÉANDRE, *en courant à lui pour l'embrasser* – Ah! mon père, que j'ai de joie de vous voir de retour!

GÉRONTE, *refusant de l'embrasser* – Doucement. Parlons un peu d'affaire[1].

LÉANDRE – Souffrez[2] que je vous embrasse, et que...

GÉRONTE, *le repoussant encore* – Doucement, vous dis-je.

LÉANDRE – Quoi? Vous me refusez, mon père, de vous exprimer mon transport[3] par mes embrassements?

GÉRONTE – Oui : nous avons quelque chose à démêler[4] ensemble.

LÉANDRE – Et quoi?

GÉRONTE – Tenez-vous, que je vous voie en face.

LÉANDRE – Comment?

GÉRONTE – Regardez-moi entre deux yeux.

LÉANDRE – Hé bien?

GÉRONTE – Qu'est-ce donc qu'il s'est passé ici?

LÉANDRE – Ce qui s'est passé?

GÉRONTE – Oui. Qu'avez-vous fait dans mon absence?

LÉANDRE – Que voulez-vous, mon père, que j'aie fait?

Notes

1. **parlons un peu d'affaire** : parlons sérieusement.
2. **souffrez** : permettez.
3. **mon transport** : ma joie.
4. **démêler** : clarifier.

GÉRONTE – Ce n'est pas moi qui veux que vous ayez fait, mais qui demande ce que c'est que vous avez fait.

LÉANDRE – Moi, je n'ai fait aucune chose dont vous ayez lieu de vous plaindre.

GÉRONTE – Aucune chose ?

LÉANDRE – Non.

GÉRONTE – Vous êtes bien résolu[1].

LÉANDRE – C'est que je suis sûr de mon innocence.

GÉRONTE – Scapin pourtant a dit de vos nouvelles.

LÉANDRE – Scapin !

GÉRONTE – Ah, ah ! ce mot vous fait rougir.

LÉANDRE – Il vous a dit quelque chose de moi ?

GÉRONTE – Ce lieu n'est pas tout à fait propre à vider[2] cette affaire, et nous allons l'examiner ailleurs. Qu'on se rende au logis. J'y vais revenir tout à l'heure[3]. Ah ! traître, s'il faut que tu me déshonores, je te renonce[4] pour mon fils, et tu peux bien pour jamais te résoudre à fuir de ma présence.

SCÈNE 3

OCTAVE, SCAPIN, LÉANDRE

1 LÉANDRE, *seul* – Me trahir de cette manière ! Un coquin qui doit, par cent raisons, être le premier à cacher les choses que je lui confie, est le premier à les aller découvrir à mon père. Ah ! je jure le Ciel que cette trahison ne demeurera pas impunie.

Notes

1. **bien résolu** : bien sûr de vous.
2. **vider** : régler.
3. **tout à l'heure** : tout de suite.
4. **renonce** : renie.

OCTAVE – Mon cher Scapin, que ne dois-je point à tes soins[1] ! Que tu es un homme admirable ! et que le Ciel m'est favorable de t'envoyer à mon secours !

LÉANDRE – Ah, ah ! vous voilà. Je suis ravi de vous trouver, monsieur le coquin.

SCAPIN – Monsieur, votre serviteur. C'est trop d'honneur que vous me faites.

LÉANDRE, *en mettant l'épée à la main* – Vous faites le méchant plaisant ? Ah ! je vous apprendrai...

SCAPIN, *se mettant à genoux* – Monsieur !

OCTAVE, *se mettant entre eux pour empêcher Léandre de le frapper* – Ah ! Léandre !

LÉANDRE – Non, Octave, ne me retenez point, je vous prie.

SCAPIN, *à Léandre* – Eh ! monsieur !

OCTAVE, *le retenant* – De grâce !

LÉANDRE, *voulant frapper Scapin* – Laissez-moi contenter mon ressentiment[2].

OCTAVE – Au nom de l'amitié, Léandre, ne le maltraitez point.

SCAPIN – Monsieur, que vous ai-je fait ?

LÉANDRE, *voulant le frapper* – Ce que tu m'as fait, traître !

OCTAVE, *le retenant* – Eh ! doucement !

LÉANDRE – Non, Octave, je veux qu'il me confesse lui-même tout à l'heure la perfidie qu'il m'a faite. Oui, coquin, je sais le trait[3] que tu m'as joué, on vient de me l'apprendre ; et tu ne croyais pas peut-être que l'on me dût révéler ce secret ; mais je veux en avoir la confession de ta propre bouche, ou je vais te passer cette épée au travers du corps.

Notes

1. **soins** : services.

2. **ressentiment** : ici, violent sentiment de colère.

3. **trait** : tour.

SCAPIN – Ah ! monsieur, auriez-vous bien ce cœur-là ?

LÉANDRE – Parle donc.

SCAPIN – Je vous ai fait quelque chose, monsieur ?

LÉANDRE – Oui, coquin, et ta conscience ne te dit que trop ce que c'est.

SCAPIN – Je vous assure que je l'ignore.

LÉANDRE, *s'avançant pour le frapper* – Tu l'ignores !

OCTAVE, *le retenant* – Léandre !

SCAPIN – Hé bien ! monsieur, puisque vous le voulez, je vous confesse que j'ai bu avec mes amis ce petit quartaut[1] de vin d'Espagne dont on vous fit présent il y a quelques jours, et que c'est moi qui fis une fente au tonneau, et répandis de l'eau autour pour faire croire que le vin s'était échappé.

LÉANDRE – C'est toi, pendard, qui m'as bu mon vin d'Espagne, et qui as été cause que j'ai tant querellé la servante, croyant que c'était elle qui m'avait fait le tour ?

SCAPIN – Oui, monsieur, je vous en demande pardon.

LÉANDRE – Je suis bien aise d'apprendre cela ; mais ce n'est pas l'affaire dont il est question maintenant.

SCAPIN – Ce n'est pas cela, monsieur ?

LÉANDRE – Non : c'est une autre affaire qui me touche bien plus, et je veux que tu me la dises.

SCAPIN – Monsieur, je ne me souviens pas d'avoir fait autre chose.

LÉANDRE, *le voulant frapper* – Tu ne veux pas parler ?

SCAPIN – Eh !

OCTAVE, *le retenant* – Tout doux !

SCAPIN – Oui, monsieur, il est vrai qu'il y a trois semaines que vous m'envoyâtes porter, le soir, une petite montre à la jeune

Note

1. **quartaut** : tonneau d'environ 70 litres.

Égyptienne que vous aimez. Je revins au logis, mes habits tout couverts de boue et le visage plein de sang, et vous dis que j'avais trouvé des voleurs qui m'avaient bien battu, et m'avaient dérobé la montre. C'était moi, monsieur, qui l'avais retenue.

LÉANDRE – C'est toi qui as retenu ma montre ?

SCAPIN – Oui, monsieur, afin de voir quelle heure il est.

LÉANDRE – Ah, ah ! j'apprends ici de jolies choses, et j'ai un serviteur fort fidèle, vraiment. Mais ce n'est pas encore cela que je demande.

SCAPIN – Ce n'est pas cela ?

LÉANDRE – Non, infâme : c'est autre chose encore que je veux que tu me confesses.

SCAPIN, *à part* – Peste !

LÉANDRE – Parle vite, j'ai hâte.

SCAPIN – Monsieur, voilà tout ce que j'ai fait.

LÉANDRE, *voulant frapper Scapin* – Voilà tout ?

OCTAVE, *se mettant au-devant* – Eh !

SCAPIN – Hé bien ! oui, monsieur : vous vous souvenez de ce loup-garou[1], il y a six mois, qui vous donna tant de coups de bâton, la nuit, et vous pensa faire rompre le cou[2] dans une cave où vous tombâtes en fuyant.

LÉANDRE – Hé bien ?

SCAPIN – C'était moi, monsieur, qui faisais le loup-garou.

LÉANDRE – C'était toi, traître, qui faisais le loup-garou ?

SCAPIN – Oui, monsieur, seulement pour vous faire peur, et vous ôter l'envie de nous faire courir toutes les nuits, comme vous aviez coutume.

Notes

1. **loup-garou** : personnage légendaire qui se transforme en loup la nuit.

2. **vous pensa faire rompre le cou** : vous fit croire que vous vous rompiez le cou.

LÉANDRE – Je saurai me souvenir, en temps et lieu, de tout ce que je viens d'apprendre. Mais je veux venir au fait, et que tu me confesses ce que tu as dit à mon père.

SCAPIN – À votre père ?

LÉANDRE – Oui, fripon, à mon père.

SCAPIN – Je ne l'ai pas seulement vu depuis son retour.

LÉANDRE – Tu ne l'as pas vu ?

SCAPIN – Non, monsieur.

LÉANDRE – Assurément ?

SCAPIN – Assurément. C'est une chose que je vais vous faire dire par lui-même.

LÉANDRE – C'est de sa bouche que je le tiens, pourtant.

SCAPIN – Avec votre permission, il n'a pas dit la vérité.

Au fil du texte

Questions sur l'acte II, scène 3 (pages 46 à 50)

Que s'est-il passé entre-temps ?

1. Quels nouveaux personnages sont entrés en scène depuis la scène 4 de l'acte I ?

2. En remontant jusqu'à la scène 4 de l'acte I, expliquez pourquoi, à la scène 3 de l'acte II, Léandre apparaît sûr d'avoir été trahi par Scapin.

Avez-vous bien lu ?

3. Récrivez ce résumé de la scène, en corrigeant les erreurs qu'il contient.
Après le départ d'Argante, Léandre se retrouve seul et il exprime sa colère d'avoir été trahi par Scapin. Octave et Scapin paraissent à leur tour sur la scène. Tandis qu'Octave témoigne son admiration à Scapin, Léandre se montre prêt à lui assener des coups de bâton. Scapin, qui ignore ce que Léandre lui reproche, le supplie de ne pas le frapper. Octave ne comprend pas plus que Scapin et reste muet de surprise. Pour tenter d'apaiser la colère de Léandre, Scapin avoue des tours qu'il n'a pas faits et se déclare coupable alors qu'il est innocent. En définitive, Léandre comprend qu'il n'a pas été trahi par Scapin.

4. Combien Scapin avoue-t-il de fourberies ?

5. Quelles sont-elles ?

6. Qui en a été victime ?

Étudier le discours

7. Indiquez les passages de cette scène qui illustrent chacun des actes de parole* de la liste ci-dessous.

*** *Acte de parole* (ou acte de discours) : manière dont on s'adresse à quelqu'un pour provoquer ses réponses et ses réactions.**

Attention, un même passage peut illustrer plusieurs actes de parole à la fois.

a) louer : ligne(s) ....

b) saluer : ligne(s) ....

c) menacer : ligne(s) ....

d) supplier : ligne(s) ....

e) demander une information : ligne(s) ....

f) exiger un aveu : ligne(s)...

g) ordonner de parler : ligne(s) ....

h) mentir : ligne(s) ....

i) confesser une faute : ligne(s) ....

j) faire l'aveu exigé : ligne(s) ....

k) raconter un événement : ligne(s) ....

l) relater un souvenir : ligne(s) ....

m) commenter un aveu : ligne(s) ....

n) demander pardon : ligne(s) ....

o) exiger un autre aveu : ligne(s) ....

p) retenir une information : ligne(s) ....

q) refuser de parler : ligne(s) ....

r) injurier : ligne(s) ....

s) jurer : ligne(s) ....

t) dire la vérité : ligne(s) ....

Étudier le genre

8) Que vous apprennent les didascalies* sur le comportement et les sentiments de Léandre ?

9) En vous reportant à la présentation de la page 128, dites à quel genre appartient cette pièce.

*** *didascalies :* indications de mise en scène données par l'auteur.**

Étudier le comique

10) Qu'est-ce qu'un quiproquo ?

11) Pourquoi ce terme convient-il pour définir cette scène ?

À vos plumes !

12) Avant que Scapin ne se dénonce, Léandre avait accusé Sylvestre de lui avoir dérobé la montre destinée à *« la jeune Égyptienne »*. Imaginez, dans un dialogue de 15 à 20 lignes, le quiproquo auquel cette accusation a donné lieu.

SCÈNE 4

CARLE, SCAPIN, LÉANDRE, OCTAVE

CARLE – Monsieur, je vous apporte une nouvelle qui est fâcheuse pour votre amour.

LÉANDRE – Comment ?

CARLE – Vos Égyptiens sont sur le point de vous enlever Zerbinette, et elle-même, les larmes aux yeux, m'a chargé de venir promptement[1] vous dire que, si dans deux heures vous ne songez à leur porter l'argent qu'ils vous ont demandé pour elle, vous l'allez perdre pour jamais.

LÉANDRE – Dans deux heures ?

CARLE – Dans deux heures. *(Il sort.)*

LÉANDRE – Ah ! mon pauvre Scapin, j'implore ton secours !

SCAPIN, *passant devant lui avec un air fier* – « Ah ! mon pauvre Scapin. » Je suis « mon pauvre Scapin » à cette heure qu'on a besoin de moi.

LÉANDRE – Va, je te pardonne tout ce que tu viens de me dire et pis encore, si tu me l'as fait.

SCAPIN – Non, non, ne me pardonnez rien. Passez-moi votre épée au travers du corps. Je serai ravi que vous me tuiez.

LÉANDRE – Non. Je te conjure plutôt de me donner la vie, en servant mon amour.

SCAPIN – Point, point, vous ferez mieux de me tuer.

LÉANDRE – Tu m'es trop précieux ; et je te prie de vouloir employer pour moi ce génie admirable, qui vient à bout de toute chose.

SCAPIN – Non, tuez-moi, vous dis-je.

Note

1. promptement : rapidement.

LÉANDRE – Ah ! de grâce, ne songe plus à tout cela, et pense à me donner le secours que je te demande.

OCTAVE – Scapin, il faut faire quelque chose pour lui.

SCAPIN – Le moyen, après une avanie[1] de la sorte ?

LÉANDRE – Je te conjure d'oublier mon emportement et de me prêter ton adresse[2].

OCTAVE – Je joins mes prières aux siennes.

SCAPIN – J'ai cette insulte-là sur le cœur.

OCTAVE – Il faut quitter ton ressentiment.

LÉANDRE – Voudrais-tu m'abandonner, Scapin, dans la cruelle extrémité[3] où se voit mon amour ?

SCAPIN – Me venir faire à l'improviste un affront comme celui-là !

LÉANDRE – J'ai tort, je le confesse.

SCAPIN – Me traiter de coquin, de fripon, de pendard, d'infâme !

LÉANDRE – J'en ai tous les regrets du monde.

SCAPIN – Me vouloir passer son épée au travers du corps !

LÉANDRE – Je t'en demande pardon de tout mon cœur ; et, s'il ne tient qu'à me jeter à tes genoux, tu m'y vois, Scapin, pour te conjurer encore une fois de ne me point abandonner.

OCTAVE – Ah ! ma foi ! Scapin, il se faut rendre à cela.

SCAPIN – Levez-vous. Une autre fois, ne soyez point si prompt.

LÉANDRE – Me promets-tu de travailler pour moi ?

SCAPIN – On y songera.

LÉANDRE – Mais tu sais que le temps presse.

Notes

1. **avanie** : humiliation.
2. **me prêter ton adresse** : mettre ton adresse à mon service.
3. **cruelle extrémité** : situation excessivement difficile.

SCAPIN – Ne vous mettez pas en peine. Combien est-ce qu'il vous faut ?

LÉANDRE – Cinq cents écus.

SCAPIN – Et à vous ?

OCTAVE – Deux cents pistoles.

SCAPIN – Je veux tirer cet argent de vos pères. *(À Octave.)* Pour ce qui est du vôtre, la machine est déjà toute trouvée ; *(à Léandre)* et quant au vôtre, bien qu'avare au dernier degré, il y faudra moins de façons encore, car vous savez que, pour l'esprit, il n'en a pas, grâces à Dieu ! grande provision, et je le livre pour[1] une espèce d'homme à qui l'on fera toujours croire tout ce que l'on voudra. Cela ne vous offense point : il ne tombe entre lui et vous aucun soupçon de ressemblance ; et vous savez assez l'opinion de tout le monde, qui veut qu'il ne soit votre père que pour la forme.

LÉANDRE – Tout beau, Scapin.

SCAPIN – Bon, bon, on fait bien scrupule de cela : vous moquez-vous ? Mais j'aperçois venir le père d'Octave. Commençons par lui, puisqu'il se présente. Allez-vous-en tous deux. *(À Octave.)* Et vous, avertissez votre Sylvestre de venir vite jouer son rôle.

SCÈNE 5

ARGANTE, SCAPIN

SCAPIN, *à part* – Le voilà qui rumine.

ARGANTE, *se croyant seul* – Avoir si peu de conduite et de considération[2] ! s'aller jeter dans un engagement comme celui-là ! Ah, ah ! jeunesse impertinente[3] !

Notes

1. **je le livre pour** : je le considère comme.
2. **considération** : réflexion.
3. **impertinente** : qui ne réfléchit pas.

SCAPIN – Monsieur, votre serviteur[1].

ARGANTE – Bonjour, Scapin.

SCAPIN – Vous rêvez[2] à l'affaire de votre fils ?

ARGANTE – Je t'avoue que cela me donne un furieux[3] chagrin.

SCAPIN – Monsieur, la vie est mêlée de traverses[4]. Il est bon de s'y tenir sans cesse préparé ; et j'ai ouï dire, il y a longtemps, une parole d'un ancien que j'ai toujours retenue.

ARGANTE – Quoi ?

SCAPIN – Que, pour peu qu'un père de famille ait été absent de chez lui, il doit promener son esprit sur tous les fâcheux accidents que son retour peut rencontrer : se figurer sa maison brûlée, son argent dérobé, sa femme morte, son fils estropié, sa fille subornée[5] ; et ce qu'il trouve qu'il ne lui est point arrivé, l'imputer à bonne fortune[6]. Pour moi, j'ai pratiqué toujours cette leçon dans ma petite philosophie ; et je ne suis jamais revenu au logis, que je ne me sois tenu prêt à la colère de mes maîtres, aux réprimandes, aux injures, aux coups de pied au cul, aux bastonnades, aux étrivières[7] ; et ce qui a manqué à m'arriver, j'en ai rendu grâce à mon bon destin.

ARGANTE – Voilà qui est bien. Mais ce mariage impertinent[8] qui trouble celui que nous voulons faire est une chose que je ne puis souffrir[9], et je viens de consulter des avocats pour le faire casser.

Notes

1. **votre serviteur** : formule de politesse.
2. **rêvez** : pensez.
3. **furieux** : violent.
4. **traverses** : obstacles.
5. **subornée** : détournée de son devoir par un homme, séduite.
6. **l'imputer à bonne fortune** : le mettre au compte de la chance.
7. **étrivières** : courroies de cuir tenant les étriers dont on se servait également comme fouet.
8. **impertinent** : qui est contre la raison.
9. **souffrir** : supporter, tolérer.

SCAPIN – Ma foi ! monsieur, si vous m'en croyez, vous tâcherez, par quelque autre voie, d'accommoder[1] l'affaire. Vous savez ce que c'est que les procès en ce pays-ci, et vous allez vous enfoncer dans d'étranges épines[2].

ARGANTE – Tu as raison, je le vois bien. Mais quelle autre voie ?

SCAPIN – Je pense que j'en ai trouvé une. La compassion[3] que m'a donnée tantôt votre chagrin m'a obligé à chercher dans ma tête quelque moyen pour vous tirer d'inquiétude ; car je ne saurais voir d'honnêtes pères chagrinés par leurs enfants que cela ne m'émeuve ; et, de tout temps, je me suis senti pour votre personne une inclination particulière.

ARGANTE – Je te suis obligé[4].

SCAPIN – J'ai donc été trouver le frère de cette fille qui a été épousée. C'est un de ces braves de profession[5], de ces gens qui sont tous coups d'épée, qui ne parlent que d'échiner[6], et ne font non plus de conscience[7] de tuer un homme que d'avaler un verre de vin. Je l'ai mis sur ce mariage, lui ai fait voir quelle facilité offrait la raison[8] de la violence pour le faire casser, vos prérogatives[9] du nom de père, et l'appui que vous donneraient auprès de la justice et votre droit, et votre argent, et vos amis. Enfin je l'ai tant tourné de tous les côtés qu'il a prêté l'oreille aux propositions que je lui ai faites d'ajuster l'affaire pour quelque somme ; et il donnera son consentement à rompre le mariage, pourvu que vous lui donniez de l'argent.

ARGANTE – Et qu'a-t-il demandé ?

SCAPIN – Oh ! d'abord, des choses par-dessus les maisons.

Notes

1. **accommoder** : arranger.
2. **étranges épines** : extraordinaires difficultés.
3. **la compassion** : la pitié.
4. **obligé** : reconnaissant.
5. **un de ces braves de profession** : un de ces tueurs à gages.
6. **échiner** : briser l'échine, mettre à mal.
7. **ne font non plus de conscience** : ne font pas plus de cas.
8. **la raison** : la réparation.
9. **vos prérogatives** : les droits que vous donne.

ARGANTE – Et quoi ?

SCAPIN – Des choses extravagantes.

ARGANTE – Mais encore ?

SCAPIN – Il ne parlait pas moins que de cinq ou six cents pistoles.

ARGANTE – Cinq ou six cents fièvres quartaines[1] qui le puissent serrer ! Se moque-t-il des gens ?

SCAPIN – C'est ce que je lui ai dit. J'ai rejeté bien loin de pareilles propositions, et je lui ai bien fait entendre que vous n'étiez point une dupe[2], pour vous demander des cinq ou six cents pistoles. Enfin, après plusieurs discours, voici où s'est réduit le résultat de notre conférence[3]. « Nous voilà au temps, m'a-t-il dit, que je dois partir pour l'armée. Je suis après à[4] m'équiper, et le besoin que j'ai de quelque argent me fait consentir, malgré moi, à ce qu'on me propose. Il me faut un cheval de service[5], et je n'en saurais avoir un qui soit tant soit peu raisonnable[6] à moins de soixante pistoles. »

ARGANTE – Hé bien ! pour soixante pistoles, je les donne.

SCAPIN – « Il faudra le harnais et les pistolets ; et cela ira bien à vingt pistoles encore. »

ARGANTE – Vingt pistoles et soixante, ce serait quatre-vingts.

SCAPIN – Justement.

ARGANTE – C'est beaucoup ; mais soit, je consens à cela.

SCAPIN – « Il me faut aussi un cheval pour monter mon valet, qui coûtera bien trente pistoles. »

Notes

1. **fièvres quartaines** : fièvres qui reviennent tous les quatre jours.
2. **une dupe** : une personne que l'on peut tromper.
3. **conférence** : entretien, discussion.
4. **je suis après à** : je suis pressé de.
5. **un cheval de service** : un cheval pour la guerre.
6. **raisonnable** : correct.

ARGANTE – Comment, diantre ! Qu'il se promène[1] ! il n'aura rien du tout.

SCAPIN – Monsieur.

ARGANTE – Non, c'est un impertinent.

SCAPIN – Voulez-vous que son valet aille à pied ?

ARGANTE – Qu'il aille comme il lui plaira, et le maître aussi.

SCAPIN – Mon Dieu ! monsieur, ne vous arrêtez point à peu de chose. N'allez point plaider, je vous prie, et donnez tout pour vous sauver des mains de la justice.

ARGANTE – Hé bien ! soit, je me résous à donner encore ces trente pistoles.

SCAPIN – « Il me faut encore, a-t-il dit, un mulet pour porter... »

ARGANTE – Oh ! qu'il aille au diable avec son mulet ! C'en est trop, et nous irons devant les juges.

SCAPIN – De grâce, monsieur...

ARGANTE – Non, je n'en ferai rien.

SCAPIN – Monsieur, un petit mulet.

ARGANTE – Je ne lui donnerais pas seulement un âne.

SCAPIN – Considérez...

ARGANTE – Non ! j'aime mieux plaider.

SCAPIN – Eh ! monsieur, de quoi parlez-vous là, et à quoi vous résolvez-vous ? Jetez les yeux sur les détours[2] de la justice ; voyez combien d'appels[3] et de degrés de juridiction[4], combien de procédures[5] embarrassantes, combien d'animaux ravis-

Notes

1. **qu'il se promène** : qu'il aille au diable.
2. **les détours** : les complications et les longueurs.
3. **appels** : faire appel à une juridiction d'un degré supérieur pour revenir sur le jugement rendu.
4. **degrés de juridiction** : juridictions de niveau différent devant lesquelles Argante devra passer.
5. **procédures** : démarches.

sants[1] par les griffes desquels il vous faudra passer, sergents[2], procureurs[3], avocats[4], greffiers[5], substituts[6], rapporteurs[7], juges[8] et leurs clercs[9]. Il n'y a pas un de tous ces gens-là qui, pour la moindre chose, ne soit capable de donner un soufflet[10] au meilleur droit du monde. Un sergent baillera[11] de faux exploits[12], sur quoi vous serez condamné sans que vous le sachiez. Votre procureur s'entendra avec votre partie[13], et vous vendra à beaux deniers comptants[14]. Votre avocat, gagné de même, ne se trouvera point lorsqu'on plaidera votre cause, ou dira des raisons qui ne feront que battre la campagne[15], et n'iront point au fait. Le greffier délivrera par contumace[16] des sentences[17] et arrêts[18] contre vous. Le clerc du rapporteur soustraira des pièces[19], ou le rapporteur même ne dira pas ce qu'il a vu. Et quand, par les plus grandes précautions du monde, vous aurez paré tout cela, vous serez ébahi[20] que vos juges auront été sollicités[21] contre vous ou par des gens

Notes

1. **animaux ravissants** : comparaison des gens de justice avec les animaux de proie.
2. **sergents** : ceux qui s'occupent des poursuites judiciaires.
3. **procureurs** : représentants des parties devant le tribunal.
4. **avocats** : ceux qui défendent les parties.
5. **greffiers** : ceux qui rédigent les actes de la procédure.
6. **substituts** : magistrats qui en cas de besoin remplacent ceux qui étaient désignés.
7. **rapporteurs** : magistrats chargés d'exposer l'affaire qui doit être jugée.
8. **juges** : magistrats qui rendent le verdict.
9. **clercs** : employés au service des magistrats.
10. **donner un soufflet [...] du monde** : donner une gifle, c'est-à-dire transgresser la loi et commettre des injustices.
11. **baillera** : donnera.
12. **exploits** : décisions judiciaires signifiées par huissier, par lesquelles une personne est sommée de se présenter à la justice.
13. **votre partie** : la partie adverse.
14. **vous vendra à beaux deniers comptants** : vous livrera pour une somme d'argent.
15. **dira des raisons qui ne feront que battre la campagne** : ne vous défendra pas, et s'écartera du sujet.
16. **par contumace** : en votre absence.
17. **sentences** : décisions.
18. **arrêts** : verdicts.
19. **pièces** : documents.
20. **ébahi** : stupéfait.
21. **sollicités** : poussés à agir.

dévots[1] ou par des femmes qu'ils aimeront. Eh! monsieur, si vous le pouvez, sauvez-vous de cet enfer-là. C'est être damné dès ce monde que d'avoir à plaider ; et la seule pensée d'un procès serait capable de me faire fuir jusqu'aux Indes.

ARGANTE – À combien est-ce qu'il fait monter le mulet?

SCAPIN – Monsieur, pour le mulet, pour son cheval et celui de son homme, pour le harnais et les pistolets, et pour payer quelque petite chose qu'il doit à son hôtesse, il demande en tout deux cents pistoles.

ARGANTE – Deux cents pistoles?

SCAPIN – Oui.

ARGANTE, *se promenant en colère le long du théâtre* – Allons, allons, nous plaiderons.

SCAPIN – Faites réflexion...

ARGANTE – Je plaiderai.

SCAPIN – Ne vous allez point jeter...

ARGANTE – Je veux plaider.

SCAPIN – Mais, pour plaider, il vous faudra de l'argent : il vous en faudra pour l'exploit ; il vous en faudra pour le contrôle[2] ; il vous en faudra pour la procuration[3], pour la présentation[4], conseils, productions[5], et journées du procureur ; il vous en faudra pour les consultations et plaidoiries des avocats, pour le droit de retirer le sac[6], et pour les grosses d'écritures[7] ; il vous en faudra pour le rapport des substi-

Notes

1. **des gens dévots** : des gens puissants caractérisés par leur attachement à l'Église catholique.
2. **contrôle** : inscription sur un registre officiel de l'exploit.
3. **la procuration** : l'écrit par lequel tout pouvoir est donné à une personne.
4. **présentation** : acte par lequel un procureur représente son client.
5. **productions** : exposition des pièces du dossier au tribunal.
6. **retirer le sac** : il s'agit du sac dans lequel on mettait les pièces du dossier.
7. **les grosses d'écritures** : les copies des actes judiciaires.

tuts, pour les épices de conclusion[1], pour l'enregistrement[2] du greffier, façon d'appointement[3], sentences et arrêts, contrôles, signatures et expéditions[4] de leurs clercs, sans parler de tous les présents qu'il vous faudra faire. Donnez cet argent-là à cet homme-ci, vous voilà hors d'affaire.

ARGANTE – Comment, deux cents pistoles ?

SCAPIN – Oui, vous y gagnerez. J'ai fait un petit calcul en moi-même de tous les frais de la justice ; et j'ai trouvé qu'en donnant deux cents pistoles à votre homme, vous en aurez de reste pour le moins cent cinquante, sans compter les soins, les pas, et les chagrins que vous épargnerez. Quand il n'y aurait à essuyer que les sottises que disent devant tout le monde de méchants plaisants d'avocats, j'aimerais mieux donner trois cents pistoles que de plaider.

ARGANTE – Je me moque de cela, et je défie les avocats de rien dire de moi.

SCAPIN – Vous ferez ce qu'il vous plaira ; mais si j'étais que de vous, je fuirais les procès.

ARGANTE – Je ne donnerai point deux cents pistoles.

SCAPIN – Voici l'homme dont il s'agit.

Notes

1. **épices de conclusion** : cadeaux faits au juge à la fin du procès.
2. **enregistrement** : paiement d'un droit d'inscription sur un registre public.
3. **façon d'appointement** : salaire du greffier qui a rédigé le document indiquant la qualité des parties, le sujet du désaccord et les demandes de chacun.
4. **expéditions** : copies d'un acte ou d'un jugement.

Au fil du texte

Questions sur l'acte II, scène 5 (pages 56 à 63)

QUE S'EST-IL PASSÉ ENTRE-TEMPS ?

1. Expliquez en quelques phrases pourquoi la scène 3 et la scène 4 sont indissociables.

2. Relevez dans la scène 4 un passage qui vous permettait d'imaginer ce qui allait se passer à la scène 5 et dans les scènes suivantes.

AVEZ-VOUS BIEN LU ?

3. Quel argument* Scapin emploie-t-il pour prouver à Argante que le mariage de son fils n'est pas une catastrophe ?

4. Quels arguments Scapin présente-t-il à Argante pour le dissuader* d'engager un procès ?

5. Argante se laisse-t-il convaincre ?

6. Quel but Scapin poursuit-il en conseillant à Argante de payer plutôt que de plaider ?

*** argument :** preuve que l'on avance pour convaincre.

*** dissuader :** convaincre une personne de renoncer à ce qu'elle voulait faire et même d'accepter de faire tout le contraire.

ÉTUDIER LE DISCOURS

7. Dressez la liste de ce dont le frère de Hyacinte a besoin, d'après Scapin, pour rejoindre l'armée.

8. Pourquoi Scapin fait-il une liste aussi détaillée des éléments qui composent cet équipement ? Cochez la bonne réponse.

   ❑ pour renseigner Argante sur la manière dont son argent sera employé.

   ❑ pour persuader Argante de donner l'argent demandé.

❑ pour expliquer à Argante ce qui fait qu'un équipement militaire coûte si cher.

❑ pour ordonner à Argante d'aider le soldat à s'équiper.

Étudier l'écriture

9) Dans les lignes 101 à 109, relevez une énumération.

10) Que deviennent les termes de cette énumération dans la suite du texte ?

11) Lignes 104-105 : à quels animaux, selon Scapin, les gens de justice ressemblent-ils ?

12) Comment appelle-t-on ce procédé par lequel on rapproche des êtres ou des choses en attribuant aux uns les caractéristiques des autres, pour montrer leur ressemblance ?

13) En décrivant ainsi la justice, que fait Scapin ?

Étudier le comique

Différents procédés comiques

gradation : succession d'expressions de plus en plus fortes.
ironie : dans une comédie, un personnage se comporte avec ironie lorsqu'il fait semblant, pour mieux tromper sa victime, d'ignorer ce qu'il sait ; en d'autres termes, lorsqu'un personnage « joue double jeu ».

14) Pour chacune des phrases ci-dessous, cochez la fin qui convient. Vous aurez ainsi reconstitué un texte illustrant un des procédés utilisés par Molière pour écrire une scène comique.

a) Scapin se présente à Argante...

❑ comme l'allié d'Octave.

❑ comme son allié.

b) Mais, ainsi que le sait le public, depuis la scène 2 de l'acte I, Scapin est ...

❏ l'allié d'Octave.

❏ l'allié d'Argante.

c) Argante est persuadé que Scapin ...

❏ ne veut que le bien d'Octave.

❏ ne veut que son bien.

d) Aussi, fonce-t-il, tête baissée, dans le piège que lui tend Scapin ...

❏ dont il se méfie alors qu'il ne devrait pas.

❏ qu'il croit à la lettre, alors qu'il ne devrait pas.

15 Dans le passage des lignes 70 à 94, de quel verbe les groupes nominaux suivants sont-ils compléments ?
– *« Un cheval de service »*
– *« le harnais et les pistolets »*
– *« un cheval pour monter mon valet »*
– *« un mulet pour porter… »*

16 Comment Argante réagit-il à chaque demande supplémentaire ?

17 Choisissez, parmi les trois termes proposés, celui qui convient pour nommer chacun des procédés comiques que vous venez d'étudier :
– question 14 : ❏ répétition ❏ gradation ❏ ironie
– question 15 : ❏ répétition ❏ gradation ❏ ironie
– question 16 : ❏ répétition ❏ gradation ❏ ironie

À VOS PLUMES !

18 Plaider ou payer deux cents pistoles : quelle est l'opinion de Scapin ? Pour répondre, faites une phrase en réutilisant le nom commun *opinion*.

19 Qui doit-il convaincre de cela ? Pour répondre, faites une phrase en réutilisant le verbe *convaincre*.

20 Comment Scapin s'y prend-il pour rendre son discours persuasif ? Pour répondre, faites une phrase en réutilisant le nom commun *argument*.

SCÈNE 6

SYLVESTRE, ARGANTE, SCAPIN

SYLVESTRE, *déguisé en spadassin*[1] – Scapin, fais-moi connaître un peu cet Argante, qui est père d'Octave.

SCAPIN – Pourquoi, monsieur ?

SYLVESTRE – Je viens d'apprendre qu'il veut me mettre en procès, et faire rompre par justice le mariage de ma sœur.

SCAPIN – Je ne sais pas s'il a cette pensée ; mais il ne veut point consentir aux deux cents pistoles que vous voulez, et il dit que c'est trop.

SYLVESTRE – Par la mort ! par la tête ! par le ventre ! si je le trouve, je le veux échiner[2], dussé-je être roué[3] tout vif[4]. *(Argante, pour n'être point vu, se tient, en tremblant, couvert de Scapin.)*

SCAPIN – Monsieur, ce père d'Octave a du cœur, et peut-être ne vous craindra-t-il point.

SYLVESTRE – Lui ? lui ? Par le sang ! par la tête ! s'il était là, je lui donnerais tout à l'heure de l'épée dans le ventre. *(Apercevant Argante.)* Qui est cet homme-là ?

SCAPIN – Ce n'est pas lui, monsieur, ce n'est pas lui.

SYLVESTRE – N'est-ce point quelqu'un de ses amis ?

SCAPIN – Non, monsieur, au contraire, c'est son ennemi capital.

SYLVESTRE – Son ennemi capital ?

SCAPIN – Oui.

SYLVESTRE – Ah, parbleu ! j'en suis ravi. *(À Argante.)* Vous êtes ennemi, monsieur, de ce faquin[5] d'Argante, eh ?

SCAPIN – Oui, oui, je vous en réponds.

Notes

1. **spadassin** : assassin à gages, utilisant l'arme blanche.
2. **échiner** : briser l'échine.
3. **roué** : condamné au supplice de la roue.
4. **vif** : vivant.
5. **faquin** : homme méprisable.

SYLVESTRE, *secouant la main d'Argante* – Touchez là, touchez. Je vous donne ma parole, et vous jure sur mon honneur, par l'épée que je porte, par tous les serments que je saurais faire, qu'avant la fin du jour je vous déferai de ce maraud fieffé[1], de ce faquin d'Argante. Reposez-vous sur moi.

SCAPIN – Monsieur, les violences en ce pays-ci ne sont guère souffertes.

SYLVESTRE – Je me moque de tout, et je n'ai rien à perdre.

SCAPIN – Il se tiendra sur ses gardes assurément ; et il a des parents, des amis et des domestiques, dont il se fera un secours contre votre ressentiment.

SYLVESTRE – C'est ce que je demande, morbleu ! c'est ce que je demande. *(Il met l'épée à la main, et pousse de tous les côtés, comme s'il y avait plusieurs personnes devant lui.)* Ah, tête ! ah, ventre ! que ne le trouvé-je à cette heure avec tout son secours ! Que ne paraît-il à mes yeux au milieu de trente personnes ! Que ne les vois-je fondre sur moi les armes à la main ! Comment, marauds, vous avez la hardiesse de vous attaquer à moi ? Allons, morbleu ! tue, point de quartier. *(Poussant de tous les côtés, comme s'il avait plusieurs personnes à combattre.)* Donnons. Ferme. Poussons. Bon pied, bon œil. Ah ! coquins, ah ! canaille, vous en voulez par là ; je vous en ferai tâter votre soûl. Soutenez, marauds, soutenez. Allons. À cette botte[2]. À cette autre. À celle-ci. À celle-là. *(Se tournant du côté d'Argante et de Scapin.)* Comment, vous reculez ? Pied ferme, morbleu ! pied ferme.

SCAPIN – Eh, eh, eh ! monsieur, nous n'en sommes pas[3].

SYLVESTRE – Voilà qui vous apprendra à vous oser jouer à moi[4]. *(Il s'éloigne.)*

Notes

1. **maraud fieffé** : vaurien au plus haut degré.
2. **botte** : coup porté ; terme d'escrime.
3. **nous n'en sommes pas** : nous ne faisons pas partie de vos ennemis.
4. **vous oser jouer à moi** : oser vous attaquer à moi.

SCAPIN – Hé bien, vous voyez combien de personnes tuées pour deux cents pistoles. Oh sus ! je vous souhaite une bonne fortune.

ARGANTE, *tout tremblant* – Scapin.

SCAPIN – Plaît-il ?

ARGANTE – Je me résous à donner les deux cents pistoles.

SCAPIN – J'en suis ravi pour l'amour de vous.

ARGANTE – Allons le trouver, je les ai sur moi.

SCAPIN – Vous n'avez qu'à me les donner. Il ne faut pas, pour votre honneur, que vous paraissiez là, après avoir passé ici pour autre que ce que vous êtes ; et, de plus, je craindrais qu'en vous faisant connaître, il n'allât s'aviser de vous demander davantage.

ARGANTE – Oui ; mais j'aurais été bien aise de voir comme je donne mon argent.

SCAPIN – Est-ce que vous vous défiez de moi ?

ARGANTE – Non pas, mais.

SCAPIN – Parbleu, monsieur, je suis fourbe ou je suis honnête homme : c'est l'un des deux. Est-ce que je voudrais vous tromper, et que dans tout ceci j'ai d'autre intérêt que le vôtre et celui de mon maître, à qui vous voulez vous allier ? Si je vous suis suspect, je ne me mêle plus de rien, et vous n'avez qu'à chercher, dès cette heure, qui accommodera vos affaires.

ARGANTE – Tiens donc.

SCAPIN – Non, monsieur, ne me confiez point votre argent. Je serai bien aise que vous vous serviez de quelque autre.

ARGANTE – Mon Dieu ! tiens.

SCAPIN – Non, vous dis-je, ne vous fiez point à moi. Que sait-on si je ne veux point vous attraper votre argent ?

ARGANTE – Tiens, te dis-je, ne me fais point contester davantage. Mais songe à bien prendre tes sûretés[1] avec lui.

SCAPIN – Laissez-moi faire, il n'a pas affaire à un sot.

ARGANTE – Je vais t'attendre chez moi.

SCAPIN – Je ne manquerai pas d'y aller. *(Seul.)* Et un. Je n'ai qu'à chercher l'autre. Ah, ma foi! le voici. Il semble que le Ciel, l'un après l'autre, les amène dans mes filets.

Jacques Copeau dans le rôle de Scapin.
Mise en scène de J. Copeau au théâtre du Vieux-Colombier (1920).

Note

1. **prendre tes sûretés** : faire très attention.

Au fil du texte

Questions sur l'acte II, scène 6 (pages 68 à 71)

Que s'est-il passé entre-temps ?

1) Sylvestre est entré en scène *« déguisé en spadassin »*. En remontant jusqu'à la scène 5 de l'acte I, relevez les trois passages où Scapin laisse entendre, puis annonce une telle apparition de Sylvestre.

Avez-vous bien lu ?

2) Comment Sylvestre entre-t-il en scène ?

3) Que fait-il ? Est-il immobile et silencieux, par exemple ?

4) Que ressent Argante en le voyant et en l'entendant ?

5) Où se tient Argante ?

6) L'effet que produit Sylvestre sur Argante est-il celui qu'espérait Scapin ? Développez votre réponse.

7) Quel est le sentiment qui pousse Argante à donner à Scapin la somme que celui-ci lui demande ?

Étudier le vocabulaire et la grammaire

8) Quel est le signe de ponctuation le plus employé dans le discours de Sylvestre ?

9) Quels sont les modes verbaux les plus représentés dans les phrases de Sylvestre ?

10. Les phrases de Sylvestre sont-elles toutes des phrases verbales ?

11. Ces phrases sont-elles reliées entre elles par des mots de liaison* ?

> *** *mots de liaison* :** mots invariables *(et, car, donc, or, mais...)* qui se placent entre deux phrases et qui marquent une étape dans un raisonnement ou une succession de faits.

Étudier le genre

12. En vous reportant à la présentation de la page 128, dites à quel genre précis appartient cette scène.

13. Dans la réplique des lignes 36 à 50, comparez les propos de Sylvestre et les didascalies* qui les accompagnent.

> *** *didascalies* :** indications de mise en scène données par l'auteur.

Étudier l'écriture

14. Comment s'appellent les exclamations telles que *« Par la mort ! par la tête ! par le ventre ! »* (l. 9) ?

Étudier le comique

15. Complétez les phrases suivantes à l'aide des mots proposés : *les éléments – comique – l'attitude – situation – les gestes – mouvement.*
Le déguisement et .... de Sylvestre dans son rôle de spadassin terrifiant, ... tremblante d'Argante mourant de peur sont .... essentiels qui rendent cette scène .... Les formes de comique mises ici en œuvre par Molière sont le comique de .... et de ....

16. Quels sont les deux nouveaux procédés comiques que vous venez de découvrir ?

À vos plumes !

17. Récrivez en langage d'aujourd'hui les différents propos du spadassin des lignes 36 à 50.

Mise en scène

18 Imaginez les gestes de Scapin et Argante après le départ de Sylvestre (l. 57 à 89).

Lire l'image

19 Quel moment illustre la photo de la page 71 ?

20 À votre avis, qu'a voulu photographier l'auteur de cette photo ?

21 Le spadassin de la photo porte-t-il un costume de l'époque ?

22 Qu'a voulu exprimer le metteur en scène en choisissant un tel déguisement ?

SCÈNE 7

GÉRONTE, SCAPIN

SCAPIN, *feignant de ne pas voir Géronte* – Ô Ciel! ô disgrâce[1] imprévue! ô misérable père! Pauvre Géronte, que feras-tu?

GÉRONTE, *à part* – Que dit-il là de moi, avec ce visage affligé?

SCAPIN, *même jeu* – N'y a-t-il personne qui puisse me dire où est le seigneur Géronte?

GÉRONTE – Qu'y a-t-il, Scapin?

SCAPIN, *courant sur le théâtre, sans vouloir entendre, ni voir Géronte* – Où pourrai-je le rencontrer, pour lui dire cette infortune[2]?

GÉRONTE, *courant après Scapin* – Qu'est-ce que c'est donc?

SCAPIN, *même jeu* – En vain je cours de tous côtés pour le pouvoir trouver.

GÉRONTE – Me voici.

SCAPIN, *même jeu* – Il faut qu'il soit caché en quelque endroit qu'on ne puisse point deviner.

GÉRONTE, *arrêtant Scapin* – Holà! es-tu aveugle, que tu ne me vois pas?

SCAPIN – Ah! monsieur, il n'y a pas moyen de vous rencontrer.

GÉRONTE – Il y a une heure que je suis devant toi. Qu'est-ce que c'est donc qu'il y a?

SCAPIN – Monsieur...

GÉRONTE – Quoi?

SCAPIN – Monsieur, votre fils...

GÉRONTE – Hé bien! mon fils...

SCAPIN – Est tombé dans une disgrâce la plus étrange du monde.

GÉRONTE – Et quelle?

Notes

1. disgrâce : malheur.

2. infortune : malheur survenu par hasard.

SCAPIN – Je l'ai trouvé tantôt tout triste de je ne sais quoi que vous lui avez dit, où vous m'avez mêlé assez mal à propos ; et, cherchant à divertir[1] cette tristesse, nous nous sommes allés promener sur le port. Là, entre autres plusieurs choses, nous avons arrêté nos yeux sur une galère turque assez bien équipée. Un jeune Turc de bonne mine nous a invités d'y entrer, et nous a présenté la main. Nous y avons passé ; il nous a fait mille civilités[2], nous a donné la collation[3], où nous avons mangé des fruits les plus excellents qui se puissent voir, et bu du vin que nous avons trouvé le meilleur du monde.

GÉRONTE – Qu'y a-t-il de si affligeant à tout cela ?

SCAPIN – Attendez, monsieur, nous y voici. Pendant que nous mangions, il a fait mettre la galère en mer, et, se voyant éloigné du port, il m'a fait mettre dans un esquif[4], et m'envoie vous dire que, si vous ne lui envoyez par moi tout à l'heure cinq cents écus, il va vous emmener votre fils en Alger.

GÉRONTE – Comment, diantre ! cinq cents écus ?

SCAPIN – Oui, monsieur ; et, de plus, il ne m'a donné pour cela que deux heures.

GÉRONTE – Ah ! le pendard de Turc, m'assassiner de la façon !

SCAPIN – C'est à vous, monsieur, d'aviser promptement aux moyens de sauver des fers[5] un fils que vous aimez avec tant de tendresse.

GÉRONTE – Que diable allait-il faire dans cette galère ?

SCAPIN – Il ne songeait pas à ce qui est arrivé.

GÉRONTE – Va-t'en, Scapin, va-t'en vite dire à ce Turc que je vais envoyer la justice après lui.

SCAPIN – La justice en pleine mer ! Vous moquez-vous des gens ?

Notes

1. **divertir** : écarter.
2. **civilités** : politesses.
3. **collation** : repas léger.
4. **esquif** : petit bateau.
5. **fers** : esclavage.

GÉRONTE – Que diable allait-il faire dans cette galère?

SCAPIN – Une méchante destinée conduit quelquefois les personnes.

GÉRONTE – Il faut, Scapin, il faut que tu fasses ici l'action d'un serviteur fidèle.

SCAPIN – Quoi, monsieur?

GÉRONTE – Que tu ailles dire à ce Turc qu'il me renvoie mon fils, et que tu te mettes à sa place jusqu'à ce que j'aie amassé la somme qu'il demande.

SCAPIN – Eh! monsieur, songez-vous à ce que vous dites? et vous figurez-vous que ce Turc ait si peu de sens, que d'aller recevoir un misérable comme moi à la place de votre fils?

GÉRONTE – Que diable allait-il faire dans cette galère?

SCAPIN – Il ne devinait pas ce malheur. Songez, monsieur, qu'il ne m'a donné que deux heures.

GÉRONTE – Tu dis qu'il demande...

GÉRONTE – Cinq cents écus! N'a-t-il point de conscience?

SCAPIN – Vraiment oui, de la conscience à un Turc!

GÉRONTE – Sait-il bien ce que c'est que cinq cents écus?

SCAPIN – Oui, monsieur, il sait que c'est mille cinq cents livres.

GÉRONTE – Croit-il, le traître, que mille cinq cents livres se trouvent dans le pas d'un cheval?

SCAPIN – Ce sont des gens qui n'entendent point de raison.

GÉRONTE – Mais que diable allait-il faire à cette galère?

SCAPIN – Il est vrai ; mais quoi? on ne prévoyait pas les choses. De grâce, monsieur, dépêchez.

GÉRONTE – Tiens, voilà la clef de mon armoire.

SCAPIN – Bon.

GÉRONTE – Tu l'ouvriras.

SCAPIN – Fort bien.

GÉRONTE – Tu trouveras une grosse clef du côté gauche, qui est celle de mon grenier.

SCAPIN – Oui.

GÉRONTE – Tu iras prendre toutes les hardes[1] qui sont dans cette grande manne[2], et tu les vendras aux fripiers[3] pour aller racheter mon fils.

SCAPIN, *en lui rendant la clef* – Eh ! monsieur, rêvez-vous ? Je n'aurais pas cent francs de tout ce que vous dites ; et, de plus, vous savez le peu de temps qu'on m'a donné.

GÉRONTE – Mais que diable allait-il faire à cette galère ?

SCAPIN – Oh ! que de paroles perdues ! Laissez là cette galère, et songez que le temps presse, et que vous courez risque de perdre votre fils. Hélas ! mon pauvre maître, peut-être que je ne te verrai de ma vie, et qu'à l'heure que je parle, on t'emmène esclave en Alger. Mais le Ciel me sera témoin que j'ai fait pour toi tout ce que j'ai pu, et que si tu manques à[4] être racheté, il n'en faut accuser que le peu d'amitié[5] d'un père.

GÉRONTE – Attends, Scapin, je m'en vais quérir[6] cette somme.

SCAPIN – Dépêchez-vous donc vite, monsieur, je tremble que l'heure ne sonne.

GÉRONTE – N'est-ce pas quatre cents écus que tu dis ?

SCAPIN – Non, cinq cents écus.

GÉRONTE – Cinq cents écus ?

SCAPIN – Oui.

GÉRONTE – Que diable allait-il faire à cette galère ?

SCAPIN – Vous avez raison. Mais hâtez-vous.

GÉRONTE – N'y avait-il point d'autre promenade ?

Notes

1. **hardes** : vieux vêtements.
2. **manne** : panier en osier.
3. **fripiers** : marchands de vieux vêtements.
4. **si tu manques à** : si tu n'as pas la possibilité de.
5. **amitié** : amour.
6. **quérir** : chercher.

SCAPIN – Cela est vrai. Mais faites promptement.

GÉRONTE – Ah, maudite galère !

SCAPIN, à part – Cette galère lui tient au cœur.

GÉRONTE – Tiens, Scapin, je ne me souvenais pas que je viens justement de recevoir cette somme en or, et je ne croyais pas qu'elle dût m'être si tôt ravie[1]. *(Il lui présente sa bourse, qu'il ne laisse pourtant pas aller ; et, dans ses transports[2], il fait aller son bras de côté et d'autre, et Scapin le sien pour avoir la bourse.)* Tiens ! Va-t'en racheter mon fils.

SCAPIN, *tendant la main* – Oui, monsieur.

GÉRONTE, *retenant la bourse qu'il fait semblant de vouloir donner à Scapin* – Mais dis à ce Turc que c'est un scélérat.

SCAPIN, *tendant toujours la main* – Oui.

GÉRONTE, *même jeu* – Un infâme.

SCAPIN – Oui.

GÉRONTE, *même jeu* – Un homme sans foi, un voleur.

SCAPIN – Laissez-moi faire.

GÉRONTE, *même jeu* – Qu'il me tire cinq cents écus contre toute sorte de droit.

SCAPIN – Oui.

GÉRONTE, *même jeu* – Que je ne les lui donne ni à la mort ni à la vie.

SCAPIN – Fort bien.

GÉRONTE – Et que, si jamais je l'attrape, je saurai me venger de lui.

SCAPIN – Oui.

GÉRONTE, *remettant sa bourse dans sa poche et s'en allant* – Va, va vite requérir mon fils.

Notes

1. **ravie** : enlevée.

2. **transports** : très grande agitation.

SCAPIN, *allant après lui* – Holà! monsieur.

GÉRONTE – Quoi?

SCAPIN – Où est donc cet argent?

GÉRONTE – Ne te l'ai-je pas donné?

SCAPIN – Non, vraiment, vous l'avez remis dans votre poche.

GÉRONTE – Ah! c'est la douleur qui me trouble l'esprit.

SCAPIN – Je le vois bien.

GÉRONTE – Que diable allait-il faire dans cette galère? Ah, maudite galère! traître de Turc à tous les diables!

SCAPIN, *seul* – Il ne peut digérer les cinq cents écus que je lui arrache ; mais il n'est pas quitte envers moi, et je veux qu'il me paie en une autre monnaie l'imposture[1] qu'il m'a faite auprès de son fils.

Note

1. **imposture** : trahison.

Au fil du texte

Questions sur l'acte II, scène 7 (pages 75 à 80)

AVEZ-VOUS BIEN LU ?

1. Quelles sont les différentes solutions que trouve Géronte pour éviter de se défaire de son argent ?

2. L'avarice de Géronte est-elle une surprise ?

3. Quel est le sentiment qui pousse Géronte à donner à Scapin la somme que celui-ci lui demande ?

4. Cette scène est extrêmement célèbre. Trouvez la phrase qui, entre autres raisons, lui vaut une telle célébrité. Qu'a-t-elle de remarquable ?

ÉTUDIER LE VOCABULAIRE ET LA GRAMMAIRE

5. Analysez l'emploi de *« que »* aux lignes 122, 128, 131 et 134.

6. Comment comprenez-vous l'expression de Géronte (l. 131-132) : *« je ne les lui donne ni à la mort ni à la vie » ?*

ÉTUDIER LE DISCOURS

7. Entourez la (ou les) bonne(s) fin(s) de phrase :
Quand Géronte entre en scène, Scapin...

a) ne le voit pas.

b) le voit, mais fait comme s'il ne le voyait pas.

c) le voit et le regarde.

d) ne l'entend pas.

e) l'entend.

f) l'entend, mais fait comme s'il ne l'entendait pas.

8. Décrivez en quatre phrases et en utilisant les mots de la liste ci-dessous les actes de discours* de Géronte depuis le début de la scène jusqu'à la ligne 16 comprise.
commenter en aparté – s'interroger – se présenter – interpeller.*

*** *acte de discours* : manière dont on s'adresse à quelqu'un pour provoquer des réponses et ses réactions.**

9. Quels sont les destinataires* des actes de discours de Scapin dans ces lignes ?

*** *aparté* : ce que l'acteur est censé dire « à part soi », sans que nul sur la scène ne l'entende.**

10. Quels sont ceux des actes de discours de Géronte dans ces lignes ?

11. Quelles sont les intentions de Scapin ? Cochez la (ou les) réponse(s) :

*** *destinataire* : celui à qui l'on parle.**

- ❑ obtenir une réponse des spectateurs à ses questions
- ❑ obtenir une réponse de Géronte à ses questions
- ❑ susciter l'inquiétude et la curiosité de Géronte
- ❑ susciter l'inquiétude et la curiosité des spectateurs
- ❑ faire rire le public qui comprend ce que Géronte ne comprend pas

12. Cherchez la signification du mot *« dialogue »* dans un dictionnaire.

13. Le passage des lignes 1 à 16 constitue-t-il un dialogue ? Si oui, pourquoi ? Si non, pourquoi ? À quel moment le dialogue se noue-t-il entre Géronte et Scapin ?

ÉTUDIER LE COMIQUE

14. Repérez dans cette scène certains des procédés comiques que vous avez découverts dans les scènes précédentes.

À VOS PLUMES !

15. Développez les répliques de Géronte des lignes 1 à 14 en imaginant que celui-ci laisse libre cours à son inquiétude.

16. Imaginez, dans un développement d'une vingtaine de lignes, que Scapin invente une autre histoire pour obtenir cinq cents écus de Géronte.

SCÈNE 8

OCTAVE, LÉANDRE, SCAPIN

OCTAVE – Hé bien ! Scapin, as-tu réussi pour moi dans ton entreprise ?

LÉANDRE – As-tu fait quelque chose pour tirer mon amour de la peine où il est ?

SCAPIN, *à Octave* – Voilà deux cents pistoles que j'ai tirées de votre père.

OCTAVE – Ah ! que tu me donnes de joie !

SCAPIN, *à Léandre* – Pour vous, je n'ai pu faire rien.

LÉANDRE, *veut s'en aller* – Il faut donc que j'aille mourir ; et je n'ai que faire de vivre[1], si Zerbinette m'est ôtée.

SCAPIN – Holà, holà ! tout doucement. Comme diantre vous allez vite !

LÉANDRE *se retourne* – Que veux-tu que je devienne ?

SCAPIN – Allez, j'ai votre affaire ici.

LÉANDRE revient – Ah ! tu me redonnes la vie.

SCAPIN – Mais à condition que vous me permettrez à moi une petite vengeance contre votre père, pour le tour qu'il m'a fait.

LÉANDRE – Tout ce que tu voudras.

SCAPIN – Vous me le promettez devant témoin ?

LÉANDRE – Oui.

SCAPIN – Tenez, voilà cinq cents écus.

LÉANDRE – Allons-en promptement acheter celle que j'adore.

Note

1. **et je n'ai que faire de vivre** : puisque je n'ai pas de raison de vivre.

Acte III

SCÈNE 1

ZERBINETTE, HYACINTE, SCAPIN, SYLVESTRE

SYLVESTRE – Oui, vos amants[1] ont arrêté entre eux[2] que vous fussiez ensemble ; et nous nous acquittons de l'ordre qu'ils nous ont donné.

HYACINTE, *à Zerbinette* – Un tel ordre n'a rien qui ne me soit fort agréable. Je reçois avec joie une compagne de la sorte ; et il ne tiendra pas à moi que l'amitié qui est entre les personnes que nous aimons ne se répande entre nous deux.

ZERBINETTE – J'accepte la proposition, et ne suis point personne à reculer lorsqu'on m'attaque d'amitié.

SCAPIN – Et lorsque c'est d'amour qu'on vous attaque ?

ZERBINETTE – Pour l'amour, c'est une autre chose : on y court un peu plus de risque, et je n'y suis pas si hardie.

SCAPIN – Vous l'êtes, que je crois, contre mon maître maintenant ; et ce qu'il vient de faire pour vous doit vous donner du cœur pour répondre comme il faut à sa passion.

Notes

1. **amants** : amoureux dont le sentiment est partagé par celles qu'ils aiment.

2. **arrêté entre eux** : décidé ensemble.

ZERBINETTE – Je ne m'y fie encore que de la bonne sorte[1] ; et ce n'est pas assez pour m'assurer entièrement[2], que ce qu'il vient de faire. J'ai l'humeur enjouée, et sans cesse je ris ; mais, tout en riant, je suis sérieuse sur de certains chapitres et ton maître s'abusera[3], s'il croit qu'il lui suffise de m'avoir achetée pour me voir toute à lui. Il doit lui en coûter autre chose que de l'argent ; et, pour répondre à son amour de la manière qu'il souhaite, il me faut un don de sa foi[4] qui soit assaisonné de certaines cérémonies qu'on trouve nécessaires.

SCAPIN – C'est là aussi comme il l'entend. Il ne prétend à vous qu'en tout bien et en tout honneur ; et je n'aurais pas été homme à me mêler de cette affaire, s'il avait une autre pensée.

ZERBINETTE – C'est ce que je veux croire, puisque vous me le dites ; mais du côté du père, j'y prévois des empêchements.

SCAPIN – Nous trouverons moyen d'accommoder les choses.

HYACINTE, *à Zerbinette* – La ressemblance de nos destins doit contribuer encore à faire naître notre amitié ; et nous nous voyons toutes deux dans les mêmes alarmes, toutes deux exposées à la même infortune.

ZERBINETTE – Vous avez cet avantage, au moins, que vous savez de qui vous êtes née, et que l'appui de vos parents, que vous pouvez faire connaître, est capable d'ajuster tout, peut assurer votre bonheur, et faire donner un consentement au mariage qu'on trouve fait. Mais pour moi, je ne rencontre aucun secours dans ce que je puis être, et l'on me voit dans un état qui n'adoucira pas les volontés d'un père qui ne regarde que le bien[5].

Notes

1. de la bonne sorte : en tout bien tout honneur.
2. m'assurer entièrement : sous entendre : « de l'honnêteté de ses intentions ».
3. s'abusera : se trompera.
4. sa foi : sa parole, sa promesse.
5. le bien : la richesse.

HYACINTE – Mais aussi avez-vous cet avantage, que l'on ne tente point par un autre parti[1] celui que vous aimez.

ZERBINETTE – Le changement du cœur d'un amant n'est pas ce qu'on peut le plus craindre. On se peut naturellement croire assez de mérite pour garder sa conquête ; et ce que je vois de plus redoutable dans ces sortes d'affaires, c'est la puissance paternelle, auprès de qui tout le mérite ne sert de rien.

HYACINTE – Hélas ! pourquoi faut-il que de justes inclinations se trouvent traversées[2] ? La douce chose que d'aimer, lorsque l'on ne voit point d'obstacle à ces aimables chaînes dont deux cœurs se lient ensemble !

SCAPIN – Vous vous moquez. La tranquillité en amour est un calme désagréable ; un bonheur tout uni nous devient ennuyeux ; il faut du haut et du bas dans la vie ; et les difficultés qui se mêlent aux choses réveillent les ardeurs, augmentent les plaisirs.

ZERBINETTE – Mon Dieu, Scapin, fais-nous un peu ce récit, qu'on m'a dit qui est si plaisant, du stratagème dont tu t'es avisé pour tirer de l'argent de ton vieillard avare. Tu sais qu'on ne perd point sa peine lorsqu'on me fait un conte, et que je le paie assez bien par la joie qu'on m'y voit prendre.

SCAPIN – Voilà Sylvestre qui s'en acquittera aussi bien que moi. J'ai dans la tête certaine petite vengeance, dont je vais goûter le plaisir.

SYLVESTRE – Pourquoi, de gaieté de cœur, veux-tu chercher à t'attirer de méchantes affaires ?

SCAPIN – Je me plais à tenter des entreprises hasardeuses.

SYLVESTRE – Je te l'ai déjà dit, tu quitterais le dessein que tu as, si tu m'en voulais croire.

Notes

1. **parti** : personne qu'il est avantageux d'épouser compte tenu de sa fortune et de sa naissance.

2. **traversées** : gênées.

SCAPIN – Oui, mais c'est moi que j'en croirai.

SYLVESTRE – À quoi diable te vas-tu amuser?

SCAPIN – De quoi diable te mets-tu en peine?

SYLVESTRE – C'est que je vois que sans nécessité tu vas courir risque de t'attirer une venue[1] de coups de bâton.

SCAPIN – Hé bien! c'est aux dépens de mon dos, et non pas du tien.

SYLVESTRE – Il est vrai que tu es maître de tes épaules, et tu en disposeras comme il te plaira.

SCAPIN – Ces sortes de périls ne m'ont jamais arrêté, et je hais ces cœurs pusillanimes[2] qui, pour trop prévoir les suites des choses, n'osent rien entreprendre.

ZERBINETTE, *à Scapin* – Nous aurons besoin de tes soins.

SCAPIN – Allez, je vous irai bientôt rejoindre. Il ne sera pas dit qu'impunément on m'ait mis en état de me trahir moi-même et de découvrir des secrets qu'il était bon qu'on ne sût pas.

SCÈNE 2

GÉRONTE, SCAPIN

1 GÉRONTE – Hé bien, Scapin, comment va l'affaire de mon fils?

SCAPIN – Votre fils, monsieur, est en lieu de sûreté[3], mais vous courez maintenant, vous, le péril le plus grand du monde, et je voudrais pour beaucoup que vous fussiez dans votre logis.

GÉRONTE – Comment donc?

SCAPIN – À l'heure que je parle, on vous cherche de toutes parts pour vous tuer.

Notes

1. **une venue** : une volée.
2. **pusillanimes** : faibles et manquant de courage.
3. **en lieu de sûreté** : en sécurité.

GÉRONTE – Moi ?

SCAPIN – Oui.

GÉRONTE – Et qui ?

SCAPIN – Le frère de cette personne qu'Octave a épousée. Il croit que le dessein que vous avez de mettre votre fille à la place que tient sa sœur est ce qui pousse le plus fort à faire rompre leur mariage ; et, dans cette pensée, il a résolu hautement[1] de décharger[2] son désespoir sur vous et vous ôter la vie pour venger son honneur. Tous ses amis, gens d'épée comme lui, vous cherchent de tous les côtés et demandent de vos nouvelles. J'ai vu même deçà et delà des soldats de sa compagnie qui interrogent ceux qu'ils trouvent, et occupent par pelotons toutes les avenues[3] de votre maison. De sorte que vous ne sauriez aller chez vous, vous ne sauriez faire un pas ni à droit ni à gauche, que vous ne tombiez dans leurs mains.

GÉRONTE – Que ferai-je, mon pauvre Scapin ?

SCAPIN – Je ne sais pas, monsieur, et voici une étrange affaire. Je tremble pour vous depuis les pieds jusqu'à la tête, et... Attendez. *(Il se retourne, et fait semblant d'aller voir au bout du théâtre s'il n'y a personne.)*

GÉRONTE, *en tremblant* – Eh ?

SCAPIN, *en revenant* – Non, non, non, ce n'est rien.

GÉRONTE – Ne saurais-tu trouver quelque moyen pour me tirer de peine ?

SCAPIN – J'en imagine bien un ; mais je courrais risque, moi, de me faire assommer.

GÉRONTE – Eh ! Scapin, montre-toi serviteur zélé. Ne m'abandonne pas, je te prie.

Notes

1. **hautement** : sans s'en cacher.
2. **décharger** : donner libre cours à.
3. **les avenues** : les accès.

SCAPIN – Je le veux bien. J'ai une tendresse pour vous qui ne saurait souffrir[1] que je vous laisse sans secours.

GÉRONTE – Tu en seras récompensé, je t'assure ; et je te promets cet habit-ci, quand je l'aurai un peu usé.

SCAPIN – Attendez. Voici une affaire[2] que je me suis trouvée fort à propos pour vous sauver. Il faut que vous vous mettiez dans ce sac, et que...

GÉRONTE, *croyant voir quelqu'un* – Ah !

SCAPIN – Non, non, non, non, ce n'est personne. Il faut, dis-je, que vous vous mettiez là dedans, et que vous gardiez[3] de remuer en aucune façon. Je vous chargerai sur mon dos, comme un paquet de quelque chose, et je vous porterai ainsi, au travers de vos ennemis, jusque dans votre maison, où, quand nous serons une fois, nous pourrons nous barricader et envoyer quérir[4] main-forte contre la violence.

GÉRONTE – L'invention est bonne.

SCAPIN – La meilleure du monde. Vous allez voir. *(À part.)* Tu me paieras l'imposture[5].

GÉRONTE – Eh ?

SCAPIN – Je dis que vos ennemis seront bien attrapés. Mettez-vous bien jusqu'au fond, et surtout prenez garde de ne vous point montrer, et de ne branler[6] pas, quelque chose qui puisse arriver.

GÉRONTE – Laisse-moi faire. Je saurai me tenir...

SCAPIN – Cachez-vous : voici un spadassin qui vous cherche. *(En contrefaisant sa voix.)*[7] « Quoi ! jé n'aurai pas l'abantage dé tuer cé Géronte et quelqu'un par charité né m'enseignera pas où il est ? » *(À Géronte, de sa voix ordinaire.)* Ne branlez pas. *(Reprenant son*

Notes

1. **souffrir** : supporter, tolérer.
2. **une affaire** : un objet.
3. **gardiez** : évitiez.
4. **quérir** : chercher.
5. **imposture** : trahison.
6. **branler** : bouger.
7. **l. 61 à 84** : imitation du parler gascon. Remplacez les *b* par des *v* et vice versa.

ton contrefait.) « Cadédis ! jé lé trouberai, sé cachât-il au centre dé la terre. » *(À Géronte, avec son ton naturel.)* Ne vous montrez pas. *(Tout le langage gascon est supposé de celui qu'il contrefait, et le reste de lui.)* « Oh, l'homme au sac ! – Monsieur. – Jé té vaille[1] un louis, et m'enseigne où put être Géronte. – Vous cherchez le seigneur Géronte ? – Oui, mordi ! jé lé cherche. – Et pour quelle affaire, monsieur ? – Pour quelle affaire ? – Oui. – Jé beux, cadédis ! lé faire mourir sous les coups de vaton. – Oh ! monsieur, les coups de bâton ne se donnent point à des gens comme lui, et ce n'est pas un homme à être traité de la sorte. – Qui, cé fat dé Géronte, cé maraud, cé vélître[2] ? – Le seigneur Géronte, monsieur, n'est ni fat, ni maraud, ni belître, et vous devriez, s'il vous plaît, parler d'autre façon. – Comment, tu mé traîtes, à moi, avec cette hautur ? – Je défends, comme je dois, un homme d'honneur qu'on offense. – Est-ce que tu es des amis dé cé Géronte ? – Oui, monsieur, j'en suis. – Ah ! cadédis ! tu es de ses amis, à la vonne hure ! *(Il donne plusieurs coups de bâton sur le sac.)* Tiens ! boilà cé que jé té vaille pour lui. – Ah, ah, ah, ah, monsieur ! Ah, ah, monsieur ! tout beau ! Ah, doucement, ah, ah, ah ! – Va, porte-lui cela de ma part. Adiusias[3] ! » Ah ! diable soit le Gascon ! Ah ! *(En se plaignant et remuant le dos, comme s'il avait reçu les coups de bâton.)*

GÉRONTE, *mettant la tête hors du sac* – Ah ! Scapin, je n'en puis plus.

SCAPIN – Ah ! monsieur, je suis tout moulu, et les épaules me font un mal épouvantable.

GÉRONTE – Comment ? c'est sur les miennes qu'il a frappé.

SCAPIN – Nenni, monsieur, c'était sur mon dos qu'il frappait.

Notes

1. **vaille** = baille, c'est-à-dire donne.
2. **vélître** = bélître : « gros gueux qui mendie par fainéantise et qui pourrait bien gagner sa vie » (dictionnaire de Furetière).
3. **adiusas** : adieu ; *cf.* « adios » en espagnol.

GÉRONTE – Que veux-tu dire ? J'ai bien senti les coups, et les sens bien encore.

SCAPIN – Non, vous dis-je, ce n'était que le bout du bâton qui a été jusque sur vos épaules.

GÉRONTE – Tu devais donc te retirer un peu plus loin, pour m'épargner...

SCAPIN *lui remet la tête dans le sac* – Prenez garde. En voici un autre qui a la mine d'un étranger. *(Cet endroit est de même celui du Gascon pour le changement de langage*[1]*, et le jeu de théâtre.)* « Parti ! moi courir comme une Basque[2], et moi ne pouvre[3] point troufair[4] de tout le jour sti diable de Gironte ? » *(À Géronte, avec sa voix ordinaire.)* Cachez-vous bien. « Dites-moi un peu fous, monsir l'homme, s'il ve plaît, fous savoir point où l'est sti Gironte que moi cherchair ? – Non, monsieur, je ne sais point où est Géronte. – Dites-moi-le fous frenchemente, moi li fouloir pas grande chose à lui. L'est seulemente pou li donnair un petite régale sur le dos d'une douzaine de coups de bâtonne, et de trois ou quatre petites coups d'épée au trafers de son poitrine. – Je vous assure, monsieur, que je ne sais pas où il est. – Il me semble que j'y fois remuair quelque chose dans sti sac. – Pardonnez-moi, monsieur. – Li est assurémente quelque histoire là-tetans. – Point du tout, monsieur. – Moi l'avoir enfie de tonner ain coup d'épée dans ste sac. – Ah ! monsieur, gardez-vous-en bien. – Montre-le-moi un peu fous ce que c'être là. – Tout beau ! monsieur. – Quement, tout beau ? – Vous n'avez que faire de vouloir voir ce que je porte. – Et moi, je le fouloir foir, moi. – Vous ne le verrez point. – Ahi, que de

Notes

1. l. 101 à 129 : imitation du parler basque.

2. courir comme une Basque : courir comme un Basque. Proverbe.

3. pouvre : pouvoir.

4. troufair : trouver.

badinemente! – Ce sont hardes qui m'appartiennent. – Montre-moi fous, te dis-je. – Je n'en ferai rien. – Toi ne faire rien? – Non. – Moi pailler de ste bâtonne dessus les épaules de toi. – Je me moque de cela. – Ah! toi faire le trole! – *(Donnant des coups de bâton sur le sac et criant comme s'il les recevait.)* – Ahi, ahi, ahi, ah ; monsieur, ah, ah, ah, ah! – Jusqu'au refoir. L'être là un petit leçon pour li apprendre à toi à parlair insolentemente.» Ah! peste soit du baragouineux! Ah!

GÉRONTE, *sortant la tête du sac* – Ah! je suis roué[1].

SCAPIN – Ah! je suis mort.

GÉRONTE – Pourquoi diantre faut-il qu'ils frappent sur mon dos?

SCAPIN, *lui remettant la tête dans le sac* – Prenez garde, voici une demi-douzaine de soldats tout ensemble. *(Il contrefait plusieurs personnes ensemble.)* «Allons, tâchons à trouver ce Géronte, cherchons partout. N'épargnons point nos pas. Courons toute la ville. N'oublions aucun lieu. Visitons tout. Furetons de tous les côtés. Par où irons-nous? Tournons par là. Non, par ici. À gauche. À droit. Nenni. Si fait.» *(À Géronte, avec sa voix ordinaire.)* Cachez-vous bien. «Ah! camarades, voici son valet. Allons, coquin, il faut que tu nous enseignes où est ton maître. – Eh! messieurs, ne me maltraitez point. – Allons, dis-nous où il est. Parle. Hâte-toi. Expédions. Dépêche vite. Tôt. – Eh! messieurs, doucement. *(Géronte met doucement la tête hors du sac et aperçoit la fourberie de Scapin.)* – Si tu ne nous fais trouver ton maître tout à l'heure, nous allons faire pleuvoir sur toi une ondée de coups de bâton. – J'aime mieux souffrir toute chose que de vous découvrir mon maître. – Nous allons t'assommer. – Faites tout ce qu'il vous plaira. – Tu as envie d'être battu? – Je ne trahirai point mon maître. – Ah! tu en

Note

1. **je suis roué** : Géronte dit qu'il est dans le même état que s'il avait subi le supplice de la roue.

veux tâter ? Voilà... » Oh ! *(Comme il est prêt de frapper, Géronte sort du sac et Scapin s'enfuit.)*

GÉRONTE – Ah, infâme ! Ah, traître ! Ah, scélérat ! C'est ainsi que tu m'assassines !

Les Fourberies de Scapin,
acte III, scène 2. Gravure.

Au fil du texte

Questions sur l'acte III, scène 2 (pages 88 à 94)

Que s'est-il passé entre-temps ?

1) En remontant jusqu'à la scène 7 de l'acte II, relevez les trois passages dans lesquels Scapin annonce qu'il se vengera de Géronte.

2) Quels personnages se sont rencontrés à la scène 1 de l'acte II ?

3) Est-ce la première fois qu'ils entrent en scène ?

Avez-vous bien lu ?

4) Répondez à chaque question en cochant la case VRAI OU FAUX.

a) Scapin n'a pas de mal à persuader Géronte que le beau-frère d'Octave et ses amis veulent le tuer. ❑ Vrai ❑ Faux

b) Après avoir longtemps hésité, Géronte accepte de se cacher dans le sac de Scapin. ❑ Vrai ❑ Faux

c) Le public voit Scapin se battre contre un Gascon, un Basque et plusieurs autres soldats. ❑ Vrai ❑ Faux

d) Dans cette scène, Scapin s'exprime toujours avec sa voix habituelle. ❑ Vrai ❑ Faux

e) Géronte met trois fois la tête hors du sac. ❑ Vrai ❑ Faux

f) Scapin quitte la scène en s'enfuyant. ❑ Vrai ❑ Faux

Étudier le discours

5) Chaque fois que Scapin contrefait sa voix, combien y a-t-il d'énonciateurs* ?

*** *énonciateur* : celui qui parle.**

6 Lorsque Scapin parle, qui sont les destinataires* de ses énoncés* ?

7 Quel est le but des énoncés de Scapin ? Cochez la (ou les) réponse(s).

- ❑ délivrer un message
- ❑ donner des coups de bâton à Géronte
- ❑ faire rire les spectateurs

*** *destinataire* :** celui à qui l'on parle.
*** *énoncé* :** suite de mots émise par celui qui parle, au moment et à l'endroit précis où il émet cette suite de mots.

8 Pourquoi est-il important pour la situation d'énonciation* que Géronte reste caché dans le sac ?

9 Qu'est-ce qui met fin à la scène et à la situation d'énonciation qui la caractérise ?

*** *situation d'énonciation* :** on la décrit en identifiant : les personnes qui parlent, les propos échangés, le lieu et le temps où se tiennent ces personnes.

ÉTUDIER LE GENRE

10 Pourquoi cette scène contribue-t-elle à rattacher la pièce au genre de la farce ?

ÉTUDIER L'ÉCRITURE

11 Par quel procédé d'écriture Scapin et les deux spadassins sont-ils distingués ?

ÉTUDIER LE COMIQUE

12 Quels sont les procédés comiques mis en œuvre dans cette scène ?

ÉTUDIER LA PLACE ET LA FONCTION DE L'EXTRAIT

13 En se vengeant de Géronte comme il le fait, Scapin sert-il les amours des jeunes gens ?

14 Dites si cette scène est nécessaire à la progression dramatique de la pièce.

À VOS PLUMES !

15 Imaginez un dialogue où Scapin raconte à Sylvestre ce qui vient de se passer.

Les Acteurs de la comédie italienne, **1710-1712, tableau de Jean-Jacques Watteau.**

SCÈNE 3

ZERBINETTE, GÉRONTE

ZERBINETTE, *en riant, sans voir Géronte* – Ah, ah, je veux prendre un peu l'air.

GÉRONTE, *se croyant seul* – Tu me le payeras, je te jure.

ZERBINETTE, *sans voir Géronte* – Ah, ah, ah, ah, la plaisante histoire ! et la bonne dupe que ce vieillard !

GÉRONTE – Il n'y a rien de plaisant à cela, et vous n'avez que faire d'en rire.

ZERBINETTE – Quoi ? que voulez-vous dire, monsieur ?

GÉRONTE – Je veux dire que vous ne devez pas vous moquer de moi.

ZERBINETTE – De vous ?

GÉRONTE – Oui.

ZERBINETTE – Comment ? qui songe à se moquer de vous ?

GÉRONTE – Pourquoi venez-vous ici me rire au nez ?

ZERBINETTE – Cela ne vous regarde point, et je ris toute seule d'un conte qu'on vient de me faire, le plus plaisant qu'on puisse entendre. Je ne sais pas si c'est parce que je suis intéressée dans la chose, mais je n'ai jamais trouvé rien de si drôle qu'un tour qui vient d'être joué par un fils à son père, pour en attraper de l'argent.

GÉRONTE – Par un fils à son père, pour en attraper de l'argent ?

ZERBINETTE – Oui. Pour peu que vous me pressiez, vous me trouverez assez disposée à vous dire l'affaire, et j'ai une démangeaison naturelle à faire part des contes que je sais.

GÉRONTE – Je vous prie de me dire cette histoire.

ZERBINETTE – Je le veux bien. Je ne risquerai pas grand-chose à vous la dire, et c'est une aventure qui n'est pas pour être longtemps secrète. La destinée a voulu que je me trouvasse parmi une bande de ces personnes qu'on appelle Égyptiens, et qui, rôdant de province en province, se mêlent de dire la bonne fortune, et quelquefois de beaucoup d'autres choses. En arrivant dans cette ville, un jeune homme me vit et conçut pour moi de l'amour. Dès ce moment, il s'attache à mes pas, et le voilà d'abord comme tous les jeunes gens, qui croient qu'il n'y a qu'à parler, et qu'au moindre mot qu'ils nous disent, leurs affaires sont faites ; mais il trouva une fierté[1] qui lui fit un peu corriger ses premières pensées. Il fit connaître sa passion aux gens qui me tenaient, et il les trouva disposés à me laisser à lui moyennant quelque somme. Mais le mal de l'affaire était que mon amant se trouvait dans l'état où l'on voit très souvent la plupart des fils de famille, c'est-à-dire qu'il était un peu dénué d'argent ; et il a un père qui, quoique riche, est un avaricieux fieffé[2], le plus vilain[3] homme du monde. Attendez. Ne me saurais-je souvenir de son nom ? Hai ! Aidez-moi un peu. Ne pouvez-vous me nommer quelqu'un de cette ville qui soit connu pour être avare au dernier point ?

GÉRONTE – Non.

ZERBINETTE – Il y a à son nom du ron... ronte. Or... Oronte. Non. Gé... Géronte. Oui, Géronte, justement ; voilà mon vilain, je l'ai trouvé, c'est ce ladre[4]-là que je dis. Pour venir à notre conte, nos gens ont voulu aujourd'hui partir de cette ville ; et mon amant m'allait perdre faute d'argent, si, pour en tirer de son père, il n'avait trouvé du secours dans l'industrie[5] d'un serviteur qu'il a. Pour le nom du serviteur, je le sais à merveille : il s'appelle Scapin ; c'est un homme incomparable, et il mérite toutes les louanges qu'on peut donner.

GÉRONTE, *à part* – Ah ! coquin que tu es !

Notes

1. **une fierté** : un sentiment de l'honneur.
2. **fieffé** : au plus haut point, au dernier degré.
3. **vilain** : avare.
4. **ladre** : personne très avare.
5. **industrie** : ingéniosité, habileté.

ZERBINETTE – Voici le stratagème dont il s'est servi pour attraper sa dupe. Ah, ah, ah, ah! Je ne saurais m'en souvenir que je ne rie de tout mon cœur. Ah, ah, ah! Il est allé trouver ce chien d'avare, ah, ah, ah, et lui a dit qu'en se promenant sur le port avec son fils, hi, hi, ils avaient vu une galère turque où on les avait invités d'entrer ; qu'un jeune Turc leur y avait donné la collation, ah, que, tandis qu'ils mangeaient, on avait mis la galère en mer ; et que le Turc l'avait renvoyé, lui seul, à terre dans un esquif, avec ordre de dire au père de son maître qu'il emmenait son fils en Alger, s'il ne lui envoyait tout à l'heure cinq cents écus. Ah, ah, ah! Voilà mon ladre, mon vilain dans de furieuses angoisses ; et la tendresse qu'il a pour son fils fait un combat étrange avec son avarice. Cinq cents écus qu'on lui demande sont justement cinq cents coups de poignard qu'on lui donne. Ah, ah, ah! Il ne peut se résoudre à tirer cette somme de ses entrailles ; et la peine qu'il souffre[1] lui fait trouver cent moyens ridicules pour ravoir son fils. Ah, ah, ah! Il veut envoyer la justice en mer après la galère du Turc. Ah, ah, ah! Il sollicite son valet de s'aller offrir à tenir la place de son fils, jusqu'à ce qu'il ait amassé l'argent qu'il n'a pas envie de donner. Ah, ah, ah! Il abandonne, pour faire les cinq cents écus, quatre ou cinq vieux habits qui n'en valent pas trente. Ah, ah, ah! Le valet lui fait comprendre, à tous coups, l'impertinence de ses propositions, et chaque réflexion est douloureusement accompagnée d'un : «Mais que diable allait-il faire à cette galère? Ah! maudite galère! Traître de Turc!» Enfin, après plusieurs détours, après avoir longtemps gémi et soupiré... Mais il me semble que vous ne riez point de mon conte. Qu'en dites-vous?

GÉRONTE – Je dis que le jeune homme est un pendard, un insolent, qui sera puni par son père du tour qu'il lui a fait ; que l'Égyptienne est une malavisée, une impertinente, de dire des

Note

1. **souffre** : endure.

injures à un homme d'honneur qui saura lui apprendre à venir ici débaucher les enfants de famille ; et que le valet est un scélérat qui sera par Géronte envoyé au gibet avant qu'il soit demain.

**Spectacle de la Compagnie Émilie Valantin.
Marionnettes créées par Émilie Valantin.
Manipulation des marionnettes par Jean Sclavis
(dans le rôle de Scapin).**

Au fil du texte

Questions sur l'acte III, scène 3 (pages 98 à 101)

Avez-vous bien lu ?

1. Dressez la liste des malheurs subis par Géronte depuis le début de la pièce.

2. Géronte inspire-t-il la pitié ? Justifiez votre réponse.

3. Reconstituez le début du récit de Zerbinette en mettant les phrases suivantes dans l'ordre chronologique.

a) *« En arrivant dans cette ville, un jeune homme me vit et conçut pour moi de l'amour. »*

b) *« Mais le mal de l'affaire était que mon amant* […] *était un peu dénué d'argent ; et il a un père qui, quoique riche, est un avaricieux fieffé, le plus vilain homme du monde. »*

c) *« La destinée a voulu que je me trouvasse parmi une bande de ces personnes qu'on appelle Égyptiens, et qui, rôdant de province en province, se mêlent de dire la bonne fortune, et quelquefois de beaucoup d'autres choses. »*

d) *« Mon amant m'allait perdre faute d'argent, si, pour en tirer de son père, il n'avait trouvé du secours dans l'industrie d'un serviteur qu'il a. »*

e) « Il fit connaître sa passion aux gens qui me tenaient, et il les trouva disposés à me laisser à lui moyennant quelque somme. »

4. Citez la scène qui fait l'objet de la suite du récit de Zerbinette.

Étudier le vocabulaire et la grammaire

5. Délimitez les passages constitués par le récit de Zerbinette, en précisant les lignes.

6. Quels temps verbaux emploie-t-elle alors ?

7. À quelle personne les verbes sont-ils conjugués ?

8. Quels sont les éléments qui permettent de comprendre ce qui est désigné par le pronom personnel *« il »* ?

9. Lorsque Zerbinette dialogue avec Géronte, à quelle personne sont les verbes ?

10. Quel est alors le temps des verbes ?

11. Quels sont les éléments qui permettent de comprendre ce qui est désigné par les pronoms personnels *« je »* et *« vous »* ?

12. Quelle ville Zerbinette désigne-t-elle lorsqu'elle parle de *« cette ville »* (l. 32, 45, 52) ?

13. Quels sont les éléments qui permettent de comprendre l'emploi de *« cette »* ?

14. Quel est le lieu désigné par l'adverbe *« ici »* (l. 14 et 91) ?

15. Dans quelle situation d'énonciation* se comprend cette indication de lieu ?

16. Quel jour Zerbinette désigne-t-elle lorsqu'elle dit *« aujourd'hui »* (l. 51) ?

17. Quel jour Géronte désigne-t-il lorsqu'il dit *« demain »* (l. 93) ?

18. Dans quelle situation d'énonciation se comprennent ces indications de temps ?

*** *situation d'énonciation* : on la décrit en identifiant : les personnes qui parlent, les propos échangés, le lieu et le temps où se tiennent ces personnes.**

À vos plumes !

19 Imaginez un dialogue de théâtre entre Géronte et son fils qui commencerait ainsi :
GÉRONTE – *Tu n'épouseras pas cette Égyptienne, cette malavisée, cette impertinente venue dire des injures à un homme d'honneur comme moi…*
Vous écrirez également les didascalies*.

*** *didascalies* :** **indications de mise en scène données par l'auteur.**

Mise en scène

20 Avec un camarade, vous retravaillerez vos dialogues de façon à n'en faire qu'un. Vous pourrez ensuite jouer ce dialogue.

SCÈNE 4

SYLVESTRE, ZERBINETTE

SYLVESTRE – Où est-ce donc que vous vous échappez ? Savez-vous bien que vous venez de parler là au père de votre amant ?

ZERBINETTE – Je viens de m'en douter et je me suis adressée à lui-même sans y penser, pour lui conter son histoire.

SYLVESTRE – Comment, son histoire ?

ZERBINETTE – Oui, j'étais toute remplie du conte[1], et je brûlais de le redire. Mais qu'importe ? Tant pis pour lui. Je ne vois pas que les choses pour nous en puissent être ni pis ni mieux.

SYLVESTRE – Vous aviez grande envie de babiller ; et c'est avoir bien de la langue que de ne pouvoir se taire de ses propres affaires.

ZERBINETTE – N'aurait-il pas appris cela de quelque autre ?

SCÈNE 5

ARGANTE, SYLVESTRE

ARGANTE – Holà ! Sylvestre.

SYLVESTRE, *à Zerbinette* – Rentrez dans la maison. Voilà mon maître qui m'appelle.

ARGANTE – Vous vous êtes donc accordés, coquin ; vous vous êtes accordés, Scapin, vous et mon fils, pour me fourber[2], et vous croyez que je l'endure[3] ?

SYLVESTRE – Ma foi, monsieur, si Scapin vous fourbe, je m'en lave les mains, et vous assure que je n'y trempe[4] en aucune façon.

Notes

1. **conte** : histoire, récit.
2. **fourber** : duper, tromper.
3. **que je l'endure** : que je puisse l'endurer.
4. **je n'y trempe** : je n'y suis mêlé.

ARGANTE – Nous verrons cette affaire, pendard, nous verrons cette affaire, et je ne prétends pas qu'on me fasse passer la plume par le bec[1].

SCÈNE 6

GÉRONTE, ARGANTE, SYLVESTRE

GÉRONTE – Ah! seigneur Argante, vous me voyez accablé de disgrâce[2].

ARGANTE – Vous me voyez aussi dans un accablement horrible.

GÉRONTE – Le pendard de Scapin, par une fourberie, m'a attrapé cinq cents écus.

ARGANTE – Le même pendard de Scapin, par une fourberie aussi, m'a attrapé deux cents pistoles.

GÉRONTE – Il ne s'est pas contenté de m'attraper cinq cents écus, il m'a traité d'une manière que j'ai honte de dire. Mais il me la payera.

ARGANTE – Je veux qu'il me fasse raison de la pièce[3] qu'il m'a jouée.

GÉRONTE – Et je prétends faire de lui une vengeance exemplaire.

SYLVESTRE, *à part* – Plaise au Ciel que dans tout ceci je n'aie point ma part!

GÉRONTE – Mais ce n'est pas encore tout, seigneur Argante, et un malheur nous est toujours l'avant-coureur d'un autre.

Notes

1. **passer la plume par le bec** : allusion à un usage qui consistait à passer une plume à travers les narines des oies pour les empêcher de s'éloigner. Argante affirme ici qu'on ne l'empêchera pas d'agir à sa guise.

2. **disgrâce** : malheur.

3. **je veux qu'il me fasse raison de la pièce** : je veux qu'il me donne réparation du tour qu'il m'a joué.

Je me réjouissais aujourd'hui de l'espérance d'avoir ma fille, dont je faisais toute ma consolation ; et je viens d'apprendre de mon homme qu'elle est partie, il y a longtemps, de Tarente, et qu'on y croit qu'elle a péri dans le vaisseau où elle s'embarqua.

ARGANTE – Mais pourquoi, s'il vous plaît, la tenir à Tarente, et ne vous être pas donné la joie de l'avoir avec vous?

GÉRONTE – J'ai eu mes raisons pour cela ; et des intérêts de famille m'ont obligé jusques ici à tenir fort secret ce second mariage. Mais que vois-je?

SCÈNE 7

NÉRINE, ARGANTE, GÉRONTE, SYLVESTRE

GÉRONTE – Ah! te voilà, nourrice?

NÉRINE, *se jetant à ses genoux* – Ah! seigneur Pandolphe, que...

GÉRONTE – Appelle-moi Géronte, et ne te sers plus de ce nom. Les raisons ont cessé, qui m'avaient obligé à le prendre parmi vous à Tarente.

NÉRINE – Las! que ce changement de nom nous a causé de troubles et d'inquiétudes dans les soins que nous avons pris de vous venir chercher ici!

GÉRONTE – Où est ma fille, et sa mère?

NÉRINE – Votre fille, monsieur, n'est pas loin d'ici. Mais avant que de vous la faire voir, il faut que je vous demande pardon de l'avoir mariée, dans l'abandonnement[1] où, faute de vous rencontrer, je me suis trouvée avec elle.

GÉRONTE – Ma fille mariée!

NÉRINE – Oui, monsieur.

GÉRONTE – Et avec qui?

Note

1. **abandonnement** : abandon, solitude.

NÉRINE – Avec un jeune homme nommé Octave, fils d'un certain seigneur Argante.

GÉRONTE – Ô Ciel !

ARGANTE – Quelle rencontre !

GÉRONTE – Mène-nous, mène-nous promptement où elle est.

NÉRINE – Vous n'avez qu'à entrer dans ce logis.

GÉRONTE – Passe devant. Suivez-moi, suivez-moi, seigneur Argante.

SYLVESTRE – Voilà une aventure qui est tout à fait surprenante !

SCÈNE 8

SCAPIN, SYLVESTRE

SCAPIN – Hé bien ! Sylvestre, que font nos gens ?

SYLVESTRE – J'ai deux avis à te donner. L'un, que l'affaire d'Octave est accommodée[1]. Notre Hyacinte s'est trouvée la fille du seigneur Géronte ; et le hasard a fait ce que la prudence[2] des pères avait délibéré[3]. L'autre avis, c'est que les deux vieillards font contre toi des menaces épouvantables, et surtout le seigneur Géronte.

SCAPIN – Cela n'est rien. Les menaces ne m'ont jamais fait mal ; et ce sont des nuées qui passent bien loin sur nos têtes.

SYLVESTRE – Prends garde à toi : les fils se pourraient bien raccommoder avec les pères, et toi demeurer dans la nasse[4].

Notes

1. **accommodée** : arrangée.
2. **prudence** : sagesse, prévoyance.
3. **délibéré** : décidé.
4. **nasse** : piège à poissons que l'on pose au fond de l'eau. Le mot est employé ici dans son sens figuré : situation embarrassante, mauvais pas.

SCAPIN – Laisse-moi faire, je trouverai moyen d'apaiser leur courroux[1], et...

SYLVESTRE – Retire-toi, les voilà qui sortent.

SCÈNE 9

GÉRONTE, ARGANTE, SYLVESTRE, NÉRINE, HYACINTE

GÉRONTE – Allons, ma fille, venez chez moi. Ma joie aurait été parfaite, si j'y avais pu voir votre mère avec vous.

ARGANTE – Voici Octave, tout à propos.

SCÈNE 10

OCTAVE, ARGANTE, GÉRONTE, HYACINTE, NÉRINE, ZERBINETTE, SYLVESTRE

ARGANTE – Venez, mon fils, venez vous réjouir avec nous de l'heureuse aventure de votre mariage. Le Ciel...

OCTAVE, *sans voir Hyacinte* – Non, mon père, toutes vos propositions de mariage ne serviront de rien. Je dois lever le masque avec vous, et l'on vous a dit mon engagement.

ARGANTE – Oui ; mais tu ne sais pas...

OCTAVE – Je sais tout ce qu'il faut savoir.

ARGANTE – Je veux te dire que la fille du seigneur Géronte...

OCTAVE – La fille du seigneur Géronte ne me sera jamais de rien.

GÉRONTE – C'est elle...

OCTAVE, *à Géronte* – Non, monsieur ; je vous demande pardon, mes résolutions sont prises.

Note

1. **courroux** : colère.

SYLVESTRE, *à Octave* – Écoutez...

OCTAVE – Non, tais-toi, je n'écoute rien.

ARGANTE, *à Octave* – Ta femme...

OCTAVE – Non, vous dis-je, mon père, je mourrai plutôt que de quitter mon aimable Hyacinte. *(Traversant le théâtre pour aller à elle.)* Oui, vous avez beau faire, la voilà, celle à qui ma foi est engagée ; je l'aimerai toute ma vie, et je ne veux point d'autre femme...

ARGANTE – Hé bien! c'est elle qu'on te donne. Quel diable d'étourdi, qui suit toujours sa pointe[1]!

HYACINTE, *montrant Géronte* – Oui, Octave, voilà mon père que j'ai trouvé, et nous nous voyons hors de peine.

GÉRONTE – Allons chez moi, nous serons mieux qu'ici pour nous entretenir.

HYACINTE, *montrant Zerbinette* – Ah! mon père, je vous demande par grâce que je ne sois point séparée de l'aimable personne que vous voyez : elle a un mérite qui vous fera concevoir de l'estime pour elle quand il sera connu de vous.

GÉRONTE – Tu veux que je tienne chez moi une personne qui est aimée de ton frère, et qui m'a dit tantôt au nez mille sottises de moi-même?

ZERBINETTE – Monsieur, je vous prie de m'excuser. Je n'aurais pas parlé de la sorte, si j'avais su que c'était vous, et je ne vous connaissais que de réputation.

GÉRONTE – Comment, que de réputation?

HYACINTE – Mon père, la passion que mon frère a pour elle n'a rien de criminel, et je réponds de sa vertu.

GÉRONTE – Voilà qui est fort bien. Ne voudrait-on point que je mariasse mon fils avec elle? Une fille inconnue, qui fait le métier de coureuse[2]!

Notes

1. **sa pointe** : son idée.

2. **coureuse** : séductrice.

SCÈNE 11

LÉANDRE, OCTAVE, HYACINTE, ZERBINETTE, ARGANTE, GÉRONTE, SYLVESTRE, NÉRINE

LÉANDRE – Mon père, ne vous plaignez point que j'aime une inconnue sans naissance et sans bien. Ceux de qui je l'ai rachetée viennent de me découvrir qu'elle est de cette ville, et d'honnête famille ; que ce sont eux qui l'y ont dérobée à l'âge de quatre ans ; et voici un bracelet, qu'ils m'ont donné, qui pourra nous aider à trouver ses parents.

ARGANTE – Hélas ! à voir ce bracelet, c'est ma fille que je perdis à l'âge que vous dites.

GÉRONTE – Votre fille ?

ARGANTE – Oui, ce l'est, et j'y vois tous les traits[1] qui m'en peuvent rendre assuré.

HYACINTE – Ô Ciel ! que d'aventures extraordinaires !

Note

1. **traits** : caractéristiques.

Au fil du texte

Questions sur l'acte III, scène 11 (page 111)

Que s'est-il passé entre-temps ?

1. Racontez les faits qui se sont déroulés de la scène 4 à la scène 11 en respectant l'ordre chronologique.

2. Dans quelles scènes découvre-t-on l'identité véritable de Hyacinte et de Zerbinette ?

3. Retrouvez le passage dans lequel Argante évoquait la fille que *« le Ciel* [lui] *a ôtée »*.

Avez-vous bien lu ?

4. Complétez le texte ci-dessous en vous aidant de la liste de mots suivante.
reconnaître – Égyptiens – volée – aventurière – enfant – honorables.
Mon père, dit Léandre, ne vous plaignez point que j'aime une ...., car Zerbinette est née dans cette ville et ses parents sont des gens .... auxquels des .... l'avaient ...., quand elle était tout .... Voici un bracelet qui permettra à ses parents de la ....

5. Entourez l'information qui reprend celle du texte.
Le bracelet est un ...

a) bijou.

b) objet précieux.

c) signe de reconnaissance.

d) signe de richesse.

e) signe de haute naissance.

Étudier le vocabulaire

6 Choisissez les deux expressions dont le sens se rapproche le plus de celle de Hyacinte : *« que d'aventures extraordinaires ! »* (l. 12)

a) Quel bonheur !

b) Quel conte de fées !

c) Que de hasards incroyables !

d) Que d'aventures fantastiques !

e) Que de coïncidences étonnantes !

f) Que d'épisodes romanesques !

À vos plumes !

7 Vous êtes metteur en scène et vous décrivez à l'accessoiriste le bracelet dont vous avez besoin pour cette scène.

Mise en scène

8 Précisez par des didascalies* comment les personnages de cette scène doivent jouer leur rôle.

9 Vous monterez ensuite cette scène avec quelques camarades.

*** *didascalies* : indications de mise en scène données par l'auteur.**

SCÈNE 12

CARLE, LÉANDRE, OCTAVE, GÉRONTE, ARGANTE, HYACINTE, ZERBINETTE, SYLVESTRE, NÉRINE

CARLE – Ah! messieurs, il vient d'arriver un accident étrange.

GÉRONTE – Quoi?

CARLE – Le pauvre Scapin...

GÉRONTE – C'est un coquin que je veux pendre.

CARLE – Hélas! monsieur, vous ne serez pas en peine de cela[1]. En passant contre un bâtiment, il lui est tombé sur la tête un marteau de tailleur de pierre qui lui a brisé l'os et découvert toute la cervelle. Il se meurt, et il a prié qu'on l'apportât ici pour vous pouvoir parler avant que de mourir.

ARGANTE – Où est-il?

CARLE – Le voilà.

SCÈNE 13

SCAPIN, CARLE, GÉRONTE, ARGANTE, ETC.

SCAPIN, *apporté par deux hommes, et la tête entourée de linges, comme s'il avait été bien blessé* – Ahi, ahi, messieurs, vous me voyez... Ahi, vous me voyez dans un étrange état. Ahi! Je n'ai pas voulu mourir sans venir demander pardon à toutes les personnes que je puis avoir offensées. Ahi! Oui, messieurs, avant de rendre le dernier soupir, je vous conjure de tout mon cœur de vouloir me pardonner tout ce que je puis vous avoir fait, et principalement le seigneur Argante et le seigneur Géronte. Ahi!

ARGANTE – Pour moi, je te pardonne ; va, meurs en repos.

Note

1. **vous ne serez pas en peine de cela** : vous n'aurez pas ce souci-là.

SCAPIN, *à Géronte* – C'est vous, monsieur, que j'ai le plus offensé, par les coups de bâton que...

GÉRONTE – Ne parle pas davantage, je te pardonne aussi.

SCAPIN – Ç'a été une témérité[1] bien grande à moi, que les coups de bâton que je...

GÉRONTE – Laissons cela.

SCAPIN – J'ai, en mourant, une douleur inconcevable des coups de bâton que...

GÉRONTE – Mon Dieu ! tais-toi.

SCAPIN – Les malheureux coups de bâton que je vous...

GÉRONTE – Tais-toi, te dis-je, j'oublie tout.

SCAPIN – Hélas ! quelle bonté ! Mais est-ce de bon cœur, monsieur, que vous me pardonnez ces coups de bâton que...

GÉRONTE – Eh ! oui. Ne parlons plus de rien ; je te pardonne tout, voilà qui est fait.

SCAPIN – Ah ! monsieur, je me sens tout soulagé depuis cette parole.

GÉRONTE – Oui ; mais je te pardonne à la charge que tu mourras.

SCAPIN – Comment, monsieur ?

GÉRONTE – Je me dédis de ma parole, si tu réchappes.

SCAPIN – Ahi, ahi ! Voilà mes faiblesses qui me reprennent.

ARGANTE – Seigneur Géronte, en faveur de notre joie, il faut lui pardonner sans condition.

GÉRONTE – Soit.

ARGANTE – Allons souper ensemble pour mieux goûter notre plaisir.

SCAPIN – Et moi, qu'on me porte au bout de la table, en attendant que je meure.

Note

1. **témérité :** audace irréfléchie.

Au fil du texte

Questions sur l'acte III, scène 13 (pages 114 à 115)

Que s'est-il passé entre-temps ?

1. Si vous deviez donner un titre aux scènes 12 et 13 réunies, quel titre choisiriez-vous ?

Avez-vous bien lu ?

2. Devinette
Plus Scapin en parle et plus Géronte voudrait qu'il n'en parle pas. Géronte les lui pardonne si Scapin meurt, et Scapin ressuscite si Géronte les lui pardonne.
Qui sont-ils ?

Étudier le vocabulaire et la grammaire

3. Que veut dire Scapin lorsqu'il dit : « *Et moi, qu'on me porte au bout de la table, en attendant que je meure* » (l. 36-37) ?

4. À quel temps et à quel mode est le verbe « *mourir* » dans cette phrase ?

Étudier l'écriture

5. Quel est le signe de ponctuation qui revient dès que Scapin parle des « *coups de bâton* » ?

6. Que signifie ici ce signe de ponctuation ?

Étudier le comique

7. Pourquoi l'acharnement de Scapin à évoquer les coups de bâton donnés à Géronte est-il comique ?

8. Pourquoi la dernière réplique de Scapin est-elle comique (l. 36-37) ?

9. En quoi confirme-t-elle ce que nous avons appris sur Scapin durant la pièce ?

ÉTUDIER LA PLACE ET LA FONCTION DE L'EXTRAIT

10. Comment s'appelle cette scène, la dernière de la pièce ? Entourez la bonne réponse.

a) une scène d'action

b) une scène de dénouement

c) une scène d'exposition

11. À quoi assiste-t-on dans cette scène ? Choisissez la (ou les) bonne(s) réponse(s).

a) à la joie de tous les personnages rassemblés

b) à la dernière fourberie de Scapin

c) au pardon que Géronte finit par accorder à Scapin

d) au triomphe de Scapin

12. Qui cette scène achève-t-elle de constituer en personnage principal de la pièce ?

MISE EN SCÈNE

13. Si vous étiez metteur en scène, comment voudriez-vous que le personnage de Scapin soit interprété ? Quelles caractéristiques physiques, quel âge, quelle voix devrait-il avoir ? Doit-il avoir un visage expressif ? Dans quel costume le voyez-vous ? Comment doit-il se déplacer sur scène ?
Comment se présente-t-il devant Argante et Géronte : avec assurance ? insolence ? respect ?

Retour sur l'œuvre

1 Cherchez le mot « *fourberie* » dans un dictionnaire et composez une fiche de vocabulaire comportant les rubriques suivantes :

a) nature et genre de ce mot

b) signification donnée par le dictionnaire

c) origine du mot

d) mots de la même famille

e) synonymes

f) sens du mot dans le texte

2 Quels sont les liens entre les personnages ?

a) Octave et Léandre sont frères. ❑ Vrai ❑ Faux

b) Scapin est le valet d'Octave. ❑ Vrai ❑ Faux

c) Hyacinte et Léandre sont frère et sœur. ❑ Vrai ❑ Faux

d) Sylvestre et Scapin sont frères. ❑ Vrai ❑ Faux

e) Géronte et Argante sont amis. ❑ Vrai ❑ Faux

f) Hyacinte est la belle-fille d'Argante. ❑ Vrai ❑ Faux

g) Octave est le gendre de Géronte. ❑ Vrai ❑ Faux

h) Nérine est la femme de Pandolphe ❑ Vrai ❑ Faux.

3 Vérifiez que rien ne vous a échappé en complétant les phrases suivantes.

a) La pièce se passe à ....

b) Géronte et Argante reviennent de ....

c) Pour racheter Zerbinette, Léandre a besoin de ....

d) Géronte attend l'arrivée de ....

e) Géronte et Argante ont décidé qu'Octave épouserait ....

f) Pour faire casser le mariage d'Octave et Hyacinte, Argante a l'intention de ....

g) Tout est bien qui finit bien, car ....

4 Vérifiez que rien ne vous a échappé en répondant aux questions suivantes.

a) Qui menace qui de l'envoyer en prison ? ....
....

b) Qui reçoit des coups de bâton ? ....
....

c) Pourquoi Scapin veut-il se venger de Géronte ? ....
....

d) Zerbinette et Hyacinte se connaissent-elles ? ....
....

e) Sylvestre est-il prêt à suivre Scapin en toute circonstance ? ....
....

f) Qu'est-ce que Zerbinette raconte à Géronte ? ....
....

g) Qui avait perdu une petite fille de quatre ans ? ....
....

5 Trouvez à quoi ou à qui fait référence le mot ou le groupe de mots souligné dans les phrases suivantes.

a) « SCAPIN – *J'ai bien ouï parler de <u>quelque petite chose</u>.*
ARGANTE – *Comment, quelque petite chose ! Une action de cette nature !* » (I, 4)
....

b) « SCAPIN – *Laisse-moi faire, <u>la machine</u> est trouvée. Je cherche seulement dans ma tête un homme qui nous soit affidé, pour jouer un personnage dont j'ai besoin.* » (I, 5)
....

c) « SCAPIN – *Monsieur, un petit mulet.*
ARGANTE – *Je ne lui donnerai pas seulement un âne.* » (II, 5)

....

d) « GÉRONTE – *Que diable allait-il faire dans cette galère ?* » (II, 7).

....

e) « GÉRONTE – *L'invention est bonne.*
SCAPIN – *La meilleure du monde. Vous allez voir.* (À part.) *Tu me paieras l'imposture.* » (III, 2)

....

f) « ARGANTE – *Je veux te dire que la fille du seigneur Géronte...*
OCTAVE – *La fille du seigneur Géronte ne me sera jamais de rien.* » (III, 10)

....

g) « ARGANTE – *Seigneur Géronte, en faveur de notre joie, il faut lui pardonner sans condition.* » (III, 13)

....

6 Qui est qui ? Reliez le personnage à sa caractérisation.

Scapin •	• *« avare au dernier degré »*
Sylvestre •	• *« méchant »*
Géronte •	• *« aimable »*
Argante •	• *« habile ouvrier de ressorts et d'intrigues »*
Hyacinte •	• *« bien résolu »*
Zerbinette •	• d'*« une timidité naturelle »*
Octave •	• *« grand et gros comme père et mère »*
Léandre •	• d'*« humeur enjouée »*

7 À votre tour, préparez pour un camarade (ou pour la classe) le même exercice, en cherchant dans le texte d'autres caractérisations attribuables à chacun des personnages.

8 À qui faut-il remettre chacun des accessoires de la liste ci-dessous ?
un bâton – un bracelet – une clef – un costume de spadassin – une épée – un sac – une bourse contenant de l'argent – des linges pour faire des bandages – un bonnet.

9 Complétez le résumé à l'aide des mots de la liste ci-dessous.

une orpheline – une dernière fourberie – en l'absence de leurs pères – différentes ruses – dénouement – une Égyptienne – la progression de la pièce – son compère – un ingénieux valet – une comédie – la fille de Géronte.

...................., Octave a épousé .... dont il est tombé amoureux, tandis que son ami Léandre s'est épris d'................... . Mais les pères sont de retour et celui d'Octave destine .... à son fils. Pour échapper à l'autorité paternelle et sauver leur amour, les jeunes gens font appel à ...., Scapin. Celui-ci, aidé de .... Sylvestre, forge ....dont l'exécution assure .... jusqu'à son heureux ...., comme il se doit dans .... : les amants ne sont pas séparés et Scapin triomphe avec ....

Reconstitution de la Foire Saint-Germain (Paris) avec ses tréteaux sur lesquels évoluaient les acteurs au XVIIe siècle.
(Gravure du XIXe siècle)

Dossier Bibliocollège

Les Fourberies de Scapin

1 L'essentiel sur l'œuvre

La pièce, écrite très vite, était prête à la fin de l'année 1670. Elle a été représentée pour la première fois le **24 mai 1671** au théâtre du Palais-Royal à Paris.

Parce qu'il cherche avant tout à faire rire aux éclats son public avec une pièce légère, Molière s'est surtout inspiré de la ***commedia dell'arte* italienne**, dont il reprend les **personnages-types** et où les **jeux de scène** et le **comique de gestes et de situation** sont prédominants.

Les Fourberies de Scapin

L'**intrigue** des *Fourberies de Scapin* est **simple** et **connue** : des amours contrariées par des pères bornés qui se font posséder par des serviteurs rusés. On y retrouve les **procédés traditionnels de la farce** : le travestissement, les coups de théâtre et les quiproquos.

Lors de la première représentation, la pièce n'obtient pas un gros succès et ne sera jouée ensuite que 18 fois. Elle n'a jamais été reprise du vivant de Molière. Actuellement, c'est **l'une de ses comédies les plus représentées** en France et dans le monde entier.

2 L'œuvre en un coup d'œil

Lieu, moment et durée de l'action

L'action est contemporaine au moment de l'écriture de la pièce (1670). Elle a lieu à Naples, en Italie, et dure une journée.

Acte I	Exposition	**Scènes 1 et 2.** Octave vient d'épouser Hyacinte en secret. Or son père, Argante, a prévu de le marier à une fille de Géronte dont le fils, Léandre, est quant à lui amoureux d'une jeune bohémienne.
Acte I	Action	**Scènes 3 à 5.** Octave appelle à l'aide le valet Scapin qui n'arrive pas à convaincre Argante, fermement décidé à faire casser le mariage de son fils. Scapin demande alors au valet Sylvestre de le seconder dans son action.
Acte II	Action	**Scènes 1 à 3.** Géronte s'emporte injustement contre Léandre, qui suspecte Scapin de l'avoir trahi et lui extorque sous la menace des méfaits inavouables. **Scène 4.** Zerbinette, la jeune bohémienne, est enlevée. Une rançon est exigée. Scapin accepte d'aider Léandre à condition de pouvoir se venger sur Géronte de sa récente humiliation. **Scènes 5 à 8.** Scapin soutire de l'argent, d'abord à Argante, avec l'aide de Sylvestre déguisé en spadassin, puis à Géronte grâce au stratagème de la galère.
Acte III	Action	**Scène 1.** Les amoureux se sont retrouvés. Zerbinette explique sa conception de l'amour. **Scène 2.** Scapin se venge : il enferme Géronte dans un sac et le bat. **Scènes 3 à 6.** Les deux pères, dépossédés et furieux, apprennent qu'ils ont été victimes de Scapin.
Acte III	Dénouement	**Scènes 7 à 10.** Géronte retrouve Hyacinte, sa fille, qu'il croyait morte. **Scènes 11 et 12.** Argante retrouve Zerbinette, sa fille disparue. **Scène 13.** L'union des amoureux est validée par les pères et Scapin obtient leur pardon grâce au stratagème du marteau.

3 Le monde de Molière : faire du théâtre au temps de Louis XIV

Un pouvoir sans limites

Son **pouvoir** est **très étendu** : il commande les armées, protège l'Église catholique, rend la justice et fait les lois.

La monarchie absolue

Louis XIV a 16 ans lorsqu'il est sacré roi en 1654. Il établit très vite la **monarchie absolue** en décidant de gouverner seul. Il fait en sorte que personne ne puisse s'opposer à lui ou discuter ses décisions.

LE POUVOIR ABSOLU

Versailles

En 1672, il installe définitivement la Cour dans son magnifique **palais de Versailles**. Il garde ainsi auprès de lui les grands du royaume afin d'éviter qu'ils se révoltent. Pour cela, il établit un **protocole** très strict et occupe ses courtisans au moyen de **nombreux divertissements**.

Un roi mécène

Louis XIV, grand amateur d'art, **protège** et encourage de nombreux **artistes** : écrivains (Racine, Molière), peintres (Le Brun), sculpteurs (Hardy), architectes (Le Vau), paysagistes (Le Nôtre), musiciens (Lully)…

LE THÉÂTRE EN FRANCE AU XVIIe SIÈCLE

Le classicisme

Louis XIV impose le **classicisme**, courant artistique inspiré de l'**Antiquité** et qui se caractérise par la **rigueur** et l'**équilibre** des formes.

Les règles du théâtre classique

Le théâtre classique obéit à la **règle des trois unités** : une seule action se déroulant en une seule journée et dans un seul lieu. Il doit aussi respecter la **vraisemblance** et la **bienséance** : pas de représentation d'intimité amoureuse ni de violence.

La suprématie de la tragédie

Les auteurs de théâtre du XVIIe siècle s'inspirent de la **mythologie** et de l'**histoire antique** pour écrire des **tragédies** ou des **tragi-comédies**, en cinq actes et en vers, s'adressant davantage à un **public cultivé** qui considère encore la **comédie** comme un **genre secondaire**.

Le théâtre italien

Les **farces** et les **comédies italiennes**, interprétées souvent en plein air sur des tréteaux par des comédiens ambulants, sont très prisées par le **public populaire** pour qui le théâtre est un des rares moyens de **se distraire** et de **s'instruire**.

4 La comédie

La **comédie** est un genre théâtral ancien, né dans l'Antiquité gréco-romaine. Sa principale caractéristique est qu'elle se termine de façon heureuse et qu'elle est divertissante, s'appuyant le plus souvent sur le **registre comique**. Molière a été le premier auteur français à l'imposer comme genre littéraire « sérieux » en réinventant la comédie de caractère puis la comédie de mœurs, afin de dénoncer certains comportements humains et rapports sociaux de son temps.

I – La comédie classique

➥ Les modèles antiques

Au milieu du XVIe siècle, les genres théâtraux en vogue au Moyen Âge (les mystères, la sotie ou la farce) sont jugés grossiers et délaissés par les spectateurs cultivés qui préfèrent désormais aller voir des pièces inspirées du théâtre antique. En ce qui concerne la comédie, genre considéré comme léger mais destiné à faire rire de façon plus « respectable », ce sont les Latins Térence et Plaute qui fournissent des modèles d'intrigues aux auteurs contemporains. Ces derniers s'appuient également sur ***L'Art poétique*** d'**Horace**, un ouvrage littéraire théorique du Ier siècle avant J.-C. Dans la seconde moitié du XVIe siècle, un nouveau genre théâtral fait alors son apparition : on le désignera plus tard par le terme de **« comédie classique »**.

➥ La comédie classique

Au début du XVIIe siècle, les guerres de Religion changent les mentalités : les spectateurs cultivés sont friands de **tragédies** et **tragi-comédies** qui mettent en scène de valeureux héros tragiques. Le public populaire est, quant à lui, davantage attiré par la farce, toujours prisée pour sa nature fortement comique, et par la joyeuse comédie italienne.

La comédie classique revient en force à partir de 1630, mais les intrigues sont souvent minces et les personnages sans grande profondeur.

Progressivement, de jeunes auteurs comme Pierre Corneille, Jean de Rotrou ou Paul Scarron donnent plus de cohérence à l'action et aux personnages dont ils soignent également davantage le langage. En effet, il est essentiel pour eux de plaire à un public lettré devenu plus exigeant et qui apprécie la rigueur et l'équilibre.

Les genres théâtraux du XVIe et XVIIe siècles

Les mystères : représentation théâtrale de moments de la vie du Christ.

La sotie : pièce satirique courte.

La farce : petite pièce bouffonne qui servait d'intermède durant la représentation des mystères.

La tragi-comédie : pièce dont l'action est sérieuse et les personnages nobles, mais qui ne se termine pas par la mort du héros.

La comédie-ballet : pièce qui contient des intermèdes musicaux dansés et chantés.

II – La comédie italienne

➡ Un spectacle complet

Un genre théâtral, né en Italie au milieu du XVIe siècle, remporte un très grand succès à l'époque de Molière : il s'agit de la comédie italienne, dite aussi ***commedia dell'arte***, terme qui signifie « comédie de professionnels » car les troupes exigent désormais que les spectateurs payent pour assister à leurs représentations. Les comédiens italiens doivent donc être des artistes complets qui intègrent dans leurs spectacles tous les types de divertissements comme le jonglage, la danse, la musique et le chant, les acrobaties…

➡ L'art de l'improvisation

Cependant, l'essentiel de leur talent réside dans l'art de l'**improvisation**. À partir d'un canevas simple et suivant les réactions de la salle, ils inventent des **rebondissements** au fur et à mesure du déroulement de la pièce. Ils créent aussi spontanément des **jeux de mots** et des **calembours** ou reprennent des répliques déjà employées dans d'autres pièces, pour la plus grande joie des spectateurs qui les reconnaissent. Le public est donc sollicité en permanence et les comédiens n'hésitent pas à le prendre à témoin ou à le faire participer.

➡ Les masques

Mais pour que le public suive l'action, il est essentiel qu'il ait des repères. C'est pourquoi la comédie italienne met en scène les mêmes **types de personnages** qui reviennent très souvent : des valets fourbes, des servantes malicieuses, de jeunes amoureux, des vieillards avares et grincheux… De pièce en pièce, ils conservent les mêmes traits de caractère, les mêmes défauts et les mêmes particularités physiques, et les acteurs portent donc les mêmes costumes et parfois les mêmes masques : l'habit bariolé et le masque en cuir sombre pour **le valet Arlequin** ; la double bosse et le long nez en forme de bec pour **le vieux Polichinelle**…

La *commedia dell'arte*

Le genre théâtral de la *commedia dell'arte* est né en Italie au milieu du XVIe siècle. Les comédiens italiens intègrent tous les types de divertissements dans leurs spectacles en privilégiant l'**improvisation** à partir d'une trame très simple. Ils portent souvent des **masques** afin qu'on reconnaisse facilement les personnages.

III – Molière et le renouvellement du genre de la comédie

➡ Une conception originale du théâtre

Molière affirme très tôt sa conception originale du théâtre qu'il souhaite libérer des contraintes formelles, selon lui trop restrictives. Il n'hésite pas à exprimer ses idées en faisant parler ses personnages. Ainsi, dans *La Critique de L'École des femmes* (1663), Dorante affirme : « *Je voudrais bien savoir si la grande règle de toutes les règles n'est pas de plaire, et si une pièce de théâtre qui a attrapé son but n'a pas suivi un bon chemin.* » (scène 6). S'il dit vouloir « *peindre les mœurs de son temps d'après nature* », son objectif est surtout de divertir les spectateurs en employant des moyens inédits. Pour cela, il n'hésite pas à exploiter de nombreux genres existants telles la comédie latine, la farce, la comédie d'intrigue ou la *commedia dell'arte*. Il en crée ou modifie d'autres comme la **comédie-ballet** (*Le Bourgeois gentilhomme*, 1670) et la « grande comédie » en vers (*Le Misanthrope*, 1666), beaucoup plus grave, qui annonce la prépondérance de la comédie de mœurs à la fin du XVIIe siècle.

Le combat contre l'hypocrisie

Dans ses pièces, Molière dénonce avec force l'hypocrisie sous toutes ses formes en se moquant de tout ce qui est faux : la fausse science (*Le Malade imaginaire*, 1673), la fausse foi (*Le Tartuffe*, 1664), les faux sentiments (*Dom Juan*, 1665) et les fausses relations humaines et familiales (*George Dandin*, 1668). Il sera plusieurs fois confronté à des critiques virulentes et à la **censure**, c'est-à-dire à l'interdiction de jouer certaines de ses pièces (*Le Tartuffe* et *Dom Juan*).

Molière et les comédiens italiens

Molière a été très influencé par la troupe italienne du célèbre **Tiberio Fionelli**, appelé aussi **Scaramouche** dont il n'a pas hésité à reprendre les principaux thèmes et procédés dans *Les Fourberies de Scapin* : les amours contrariées par des pères égoïstes et bornés, le comique de répétition et de gestes, la diversité des langages et des accents, les travestissements, les coups de théâtre, le mouvement rapide, les jeux de mots…

Molière et la comédie

Molière s'est inspiré de nombreux genres théâtraux existants, particulièrement la **comédie latine** et les **farces** du Moyen Âge. Il a écrit des comédies aussi bien en vers qu'en prose.

5 Les valets et leurs maîtres

Scapin est un fourbe sans complexes, et il n'a pas honte de rendre honneur à ce qu'il nomme lui-même son *« génie assez beau »* en le mettant d'abord à son service, puis à celui de l'amour et de la jeunesse… Mais comment Molière, qui dénonce haut et fort l'injustice, pourrait-il faire des reproches à son personnage alors qu'il le sait souvent humilié, rudoyé, exploité et battu, comme la plupart des valets de son temps ? Le dramaturge préfère lui donner la parole et, pour qu'il se fasse mieux entendre, il lui offre de faire rire aux dépens des vieux grincheux, et cela en toute impunité.

À son image, de nombreux écrivains ont fait des serviteurs les porte-parole du bon sens et de la raison ou les représentants de l'injustice sociale et des opprimés, tout en les pourvoyant des meilleures alliées face à l'adversité : l'originalité, la drôlerie, la lucidité et la force de persuasion. C'est le cas au théâtre où certains valets, comme ceux de Molière, Goldoni ou Marivaux, ne mâchent pas leurs mots. C'est également le cas dans les romans où les domestiques, même s'ils se montrent généralement moins bavards et plus discrets, sont très souvent les faire-valoir de leurs maîtres en même temps que leurs meilleurs auxiliaires et parfois, indirectement, leurs meilleurs critiques.

1 Carlo Goldoni, *Le Valet de deux maîtres*

Le dramaturge italien Carlo Goldoni (1707-1793) s'est inspiré d'une pièce existante dont l'intrigue est basée sur l'imposture et le quiproquo. Par convoitise, Truffaldin se retrouve serviteur de deux maîtres qui s'aiment et se cherchent : d'une part Béatrice, qui a pris l'identité de son frère assassiné Federigo, et d'autre part Florindo, accusé du meurtre de ce dernier. Or, Silvio doit épouser Clarisse, la fiancée de Federigo, et n'apprécie pas du tout la réapparition d'un prétendant qu'on croyait mort… Truffaldin ne sait évidemment rien de tout cet imbroglio, qu'il va entretenir innocemment pour la plus grande joie des spectateurs.

TRUFFALDIN – Oh ! elle est bien bonne, celle-là ! Il y en a tant qui se cherchent un maître, et moi, j'en ai trouvé deux. Comment diable vais-je faire ? Je ne peux pas les servir tous les deux. Non ? Et pourquoi non ? Est-ce que ce ne serait pas une belle chose que de les servir tous les deux et de gagner deux salaires et de manger le double ? Ce serait magnifique, s'ils ne s'en apercevaient pas. Et s'ils s'en aperçoivent, qu'est-ce que j'ai à y perdre ? Rien. Si l'un des deux me chasse, je resterai avec l'autre. Foi d'honnête homme, je veux essayer. Même si cela ne doit durer qu'un jour, je veux essayer. Finalement, j'aurai tout de même réussi une jolie prouesse. En attendant, allons à la poste pour tous les deux.

Il se prépare à sortir.

SILVIO, *qui est entré sur ces entrefaites, à part* – Oui, je ne crois pas me tromper : c'est là le serviteur de Federigo Rasponi. *(À Truffaldin.)* Mon brave homme !

TRUFFALDIN – Monsieur ?

SILVIO – Où est votre maître ?

TRUFFALDIN – Mon maître ? Il est dans cette hôtellerie[1].

SILVIO – Allez tout de suite le trouver et dites-lui que je veux lui parler. S'il est homme d'honneur, qu'il descende : je l'attends.

Note

1. **hôtellerie** : auberge.

TRUFFALDIN – Mais, cher monsieur…

SILVIO, *élevant la voix* – Allez-y sur-le-champ.

TRUFFALDIN – Mais sachez que mon maître…

SILVIO – Ne discutez pas, ou par le Ciel…

TRUFFALDIN – Mais auquel voulez-vous parler?

SILVIO – Dépêche-toi ou je te…

Il le menace du poing.

TRUFFALDIN, *à part* – Ma foi, je vais lui envoyer le premier que je rencontrerai. *(Il entre dans l'hôtellerie.)*

Carlo Goldoni, *Le Valet de deux maîtres*, acte I, scène 10, trad. de Michel Arnaud, © Gallimard, Bibliothèque de la Pléiade, 1972.

Questions sur le texte ①

A. Quelle est la fonction de la première réplique de Truffaldin ? À qui s'adresse-t-elle ?

B. Pourquoi Truffaldin est-il ravi de servir deux maîtres ? Quel risque prend-il cependant ?

C. Pourquoi Truffaldin commence-t-il trois de ses répliques par *« Mais »* ? Pourquoi Silvio l'empêche-t-il à chaque fois de poursuivre ?

Questions sur les images des plats II et III de couverture

A. Observez l'image (Plat III). Par quels moyens le spectateur peut-il reconnaître les différents personnages de la pièce ?

B. Observez l'image (Plat II). À quel moment de la pièce assiste-t-on ? En quoi cette représentation des *Fourberies de Scapin* vous semble-t-elle inadaptée ou inattendue ?

C. Comparez les deux images (Plat II et Plat III). Qu'est-ce qui leur donne une tonalité comique ? Indiquez les éléments qui vous font penser qu'elles se ressemblent et ceux qui font qu'elles se distinguent.

2) Marivaux, *L'Île des Esclaves*

Cette petite comédie a été représentée pour la première fois en 1725 par les comédiens italiens à l'Hôtel de Bourgogne. On y retrouve Arlequin, personnage-type de la *commedia dell'arte*, qui évolue étrangement au milieu de personnages de l'Antiquité grecque dans un endroit surprenant où tous les repères et habitudes sont perturbés. Ce sera l'occasion, pour lui, de faire entendre sa voix. Mais est-elle celle de la raison et celle qui l'emportera ?
Au moment où commence l'action, Iphicrate et son esclave Arlequin, venant d'Athènes, se retrouvent naufragés sur une île déserte.

IPHICRATE – Eh ! ne perdons point de temps ; suis-moi, ne négligeons rien pour nous tirer d'ici. Si je ne me sauve, je suis perdu ; je ne reverrai jamais Athènes, car nous sommes dans l'île des Esclaves.

ARLEQUIN – Oh ! oh ! qu'est-ce que c'est que cette race-là ?

IPHICRATE – Ce sont des esclaves de la Grèce révoltés contre leurs maîtres, et qui depuis cent ans sont venus s'établir dans une île, et je crois que c'est ici : tiens, voici sans doute quelques-unes de leurs cases ; et leur coutume, mon cher Arlequin, est de tuer tous les maîtres qu'ils rencontrent, ou de les jeter dans l'esclavage.

ARLEQUIN – Eh ! chaque pays a sa coutume ; ils tuent les maîtres, à la bonne heure ; je l'ai entendu dire aussi ; mais on dit qu'ils ne font rien aux esclaves comme moi.

IPHICRATE – Cela est vrai.

ARLEQUIN – Eh ! encore vit-on !

IPHICRATE – Mais je suis en danger de perdre la liberté, et peut-être la vie : Arlequin, cela ne suffit-il pas pour me plaindre ?

ARLEQUIN, *prenant sa bouteille pour boire* – Ah ! je vous plains de tout mon cœur, cela est juste. [...]

IPHICRATE – Avançons, je t'en prie.

ARLEQUIN – Je t'en prie, je t'en prie ; comme vous êtes civil et poli ; c'est l'air du pays qui fait cela.

IPHICRATE – Allons, hâtons-nous, faisons seulement une demi-lieue sur la côte pour chercher notre chaloupe, que nous trouverons peut-être avec une partie de nos gens ; et en ce cas-là, nous nous rembarquerons avec eux.

ARLEQUIN, *en badinant*[1] – Badin, comme vous tournez cela ! [...]

IPHICRATE, *retenant sa colère* – Mais je ne te comprends pas, mon cher Arlequin.

ARLEQUIN – Mon cher patron, vos compliments me charment ; vous avez coutume de m'en faire à coups de gourdin qui ne valent pas ceux-là ; et le gourdin est dans la chaloupe.

IPHICRATE – Eh ! ne sais-tu pas que je t'aime ?

ARLEQUIN – Oui ; mais les marques de votre amitié tombent toujours sur mes épaules, et cela est mal placé. Ainsi, tenez, pour ce qui est de nos gens, que le Ciel les bénisse ! s'ils sont morts, en voilà pour longtemps ; s'ils sont en vie, cela se passera, et je m'en goberge[2].

IPHICRATE, *un peu ému* – Mais j'ai besoin d'eux, moi.

ARLEQUIN, *indifféremment* – Oh ! cela se peut bien, chacun a ses affaires : que je ne vous dérange pas !

IPHICRATE – Esclave insolent !

ARLEQUIN, *riant* – Ah, ah ! vous parlez la langue d'Athènes ; mauvais jargon[3] que je n'entends plus.

IPHICRATE – Méconnais-tu ton maître, et n'es-tu plus mon esclave ?

ARLEQUIN, *se reculant d'un air sérieux* – Je l'ai été, je le confesse à ta honte ; mais va, je te le pardonne : les hommes ne valent rien. Dans le pays d'Athènes j'étais ton esclave, tu me traitais comme un pauvre animal, et tu disais que cela était juste, parce que

Notes

1. **en badinant** : en plaisantant.
2. **je m'en goberge** : je m'en moque.
3. **jargon** : langage qui ressemble à du charabia.

tu étais le plus fort. Eh bien ! Iphicrate, tu vas trouver ici plus fort que toi ; on va te faire esclave à ton tour ; on te dira aussi que cela est juste, et nous verrons ce que tu penseras de cette justice-là ; tu m'en diras ton sentiment, je t'attends là. Quand tu auras souffert, tu seras plus raisonnable ; tu sauras mieux ce qu'il est permis de faire souffrir aux autres. Tout en irait mieux dans le monde, si ceux qui te ressemblent recevaient la même leçon que toi. Adieu, mon ami ; je vais trouver mes camarades et tes maîtres. *(Il s'éloigne.)*

IPHICRATE, *au désespoir, courant après lui l'épée à la main* – Juste Ciel ! Peut-on être plus malheureux et plus outragé que je le suis ? Misérable, tu ne mérites pas de vivre.

ARLEQUIN – Doucement ; tes forces sont bien diminuées, car je ne t'obéis plus, prends-y garde.

Marivaux, *L'Île des Esclaves*, scène 1, 1725.

Questions sur le texte 2

A. Comment peut-on expliquer le changement de pronom employé par Arlequin dans ses deux dernières répliques pour s'adresser à son maître ?

B. Que reproche Arlequin à son maître ?

C. En quoi la situation dans laquelle se trouve Iphicrate peut-elle, selon Arlequin, constituer pour lui une leçon ?

3 Michel Tournier, *Vendredi ou la Vie sauvage*

Pour rédiger son récit, Michel Tournier s'est inspiré du roman *Robinson Crusoé* de Daniel Defoe (1719). Il reprend l'aventure bien connue de Robinson, naufragé échoué sur une île déserte avec le chien Tenn et qui lutte contre les effets de la solitude en s'imposant de travailler et de suivre une discipline des plus strictes. Jusqu'au jour où Robinson, qui s'est donné le titre de gouverneur de l'île, rencontre un jeune indigène qu'il va nommer Vendredi et soumettre à sa volonté.

Robinson s'était longtemps demandé comment il appellerait l'Indien. Il ne voulait pas lui donner un nom chrétien aussi longtemps qu'il ne serait pas baptisé. Il décida finalement de lui donner le nom du jour où il l'avait recueilli. C'est ainsi que le second habitant de l'île s'appela *Vendredi*.

Quelques mois plus tard, Vendredi avait appris assez d'anglais pour comprendre les ordres de son maître. Il savait aussi défricher, labourer, semer, herser[1], repiquer, sarcler, faucher, moissonner, battre, moudre, pétrir et cuire le pain. Il savait traire les chèvres, faire du fromage, ramasser les œufs de tortue, en faire une omelette, raccommoder les vêtements de Robinson et cirer ses bottes. C'était devenu un serviteur modèle. Le soir, il endossait une livrée de laquais[2] et assurait le service du dîner du gouverneur. Puis il bassinait[3] son lit avec une boîte en fer remplie de braises. Enfin il allait s'étendre sur une litière qu'il tirait contre la porte de la maison qu'il partageait avec Tenn.

Robinson, lui, était content parce qu'il avait enfin quelqu'un à faire travailler, et à qui il pouvait tout enseigner de la civilisation. Vendredi savait maintenant que tout ce que son maître lui ordonnait était bien, que tout ce qu'il lui défendait était mal. Il

Notes

1. **herser** : passer la herse (outil agricole utilisé pour travailler le sol en surface).
2. **livrée de laquais** : tenue de domestique, sorte d'uniforme.
3. **bassinait** : passait la bassinoire (récipient muni d'un long manche, que l'on remplissait de braises afin de réchauffer le lit).

est mal de manger plus que la portion prévue par Robinson. Il est mal de fumer la pipe, de se promener tout nu et de se cacher pour dormir quand il y a du travail. Vendredi avait appris à être soldat quand son maître était général, enfant de chœur[1] quand il priait, maçon quand il construisait, porteur quand il voyageait, rabatteur quand il chassait et à balancer le chasse-mouches au-dessus de sa tête quand il dormait.

Michel Tournier, *Vendredi ou la Vie sauvage*, © Gallimard, 1971.

Questions sur le texte 3

A. Pourquoi le narrateur affirme-t-il que Vendredi est devenu *« un serviteur modèle »* ?

B. Quelles sont les qualités du serviteur Vendredi ? Quels reproches Robinson est-il cependant amené à lui faire ?

C. Quelles sont les deux raisons du contentement de Robinson vis-à-vis de Vendredi ? À partir de votre réponse, dites quels sentiments il éprouve (en plus de la satisfaction).

Note

1. **enfant de chœur** : enfant qui assiste le prêtre durant les célébrations.

6 Et par ailleurs...

N'hésitez pas à aller au théâtre : vous y découvrirez le texte d'une autre façon et serez séduit par le travail des comédiens ! Ou approfondissez votre connaissance de Molière et de son œuvre grâce aux mises en scène disponibles en DVD ou sur Internet.

BIOPIC

Molière, film d'Ariane Mnouchkine (1977), DVD, Éd. Bel air, 2004.

Ce film est déjà ancien et il est très long (4 heures). Mais il évoque avec beaucoup de précision et de passion la vie de Molière et de sa troupe. Il permet aussi de connaître un peu mieux son époque. Il a été réalisé avec 120 comédiens, 600 participants, 1 300 costumes et 220 décors. Il a fallu deux ans pour le tourner.

BD

Les Fourberies de Scapin, illustrées par Grégory Saint-Felix, Éd. Vents d'Ouest, collection « Commedia », 2010.

Au théâtre de Monsieur Molière, Fabian Grégoire, L'École des Loisirs, collection « Archimède », 2010. Cet album associe une fiction et un dossier. L'histoire illustrée est celle de Jeannot le marin, qui est embauché au théâtre du Palais-Royal. La partie documentaire donne des informations très intéressantes sur les théâtres et leur machinerie.

CAPTATIONS DE MISES EN SCÈNE

- Mise en scène de Pierre Fox, Collection « Copat », Éd. Arcades Vidéo, 2005.
- Mise en scène de Colette Roumanoff, Sita productions, 2011.
- Mise en scène de Jean-Louis Benoît (Comédie Française), Éd. Montparnasse, 2012.
- Mise en scène de Jean-Paul Carrère, Éd. Montparnasse, 2015.

SCÉNOVISIONS MOLIÈRE

La ville de Pézenas, où Molière séjourna pendant quelque temps lors de ses débuts, propose un spectacle déambulatoire en 3D pour évoquer sa vie et son œuvre. Informations : www.scenovisionmoliere.com

SUR LA TOILE

• Le site de référence sur l'œuvre de Molière créé par la ville de Pézenas : http://www.toutmoliere.net/

• Sur le site de l'INA (http://www.ina.fr/), en faisant une recherche sur Molière, vous trouverez de nombreux extraits de mises en scène et du film d'Ariane Mnouchkine.

• Sur le site de la Comédie Française (www.comedie-francaise.fr), à la rubrique « Histoire et patrimoine », vous découvrirez un dossier intéressant sur Molière.

• N'hésitez pas à aller consulter les sites des compagnies dont nous vous avons proposé des photos de mises en scène :

- La compagnie Émilie Valantin, marionnettes : http://cie-emilievalantin.fr/la-compagnie/

- Teatro Malendro : http://www.malandro.ch/

- La comédie italienne : http://www.comedie-italienne.fr/

Enfin, en lançant une recherche You tube / Molière, vous trouverez de nombreux extraits de mises en scène de différentes pièces de Molière.

CONSEILS de LECTURE

Biographie

Molière – Que diable allait-il faire dans cette galère ? Sylvie Dodeller, L'École des Loisirs, collection « Médium », 2005. Molière a connu des galères et des échecs avant de connaître la gloire. Il a aussi été un petit garçon avant de devenir le grand homme que l'on connaît. C'est ce que nous raconte l'auteur de cette biographie très agréable à lire.

Molière dans les romans

Une robe pour Versaille, Jeanne Albrent, Livre de Poche Jeunesse, 2015. Ariane est apprentie couturière et rêve d'habiller les belles dames de la cour du roi Soleil. Mais c'est finalement Madeleine Béjart, la grande et fidèle comédienne de Molière, qui va lui passer commande. Ariane va pouvoir réaliser d'incroyables robes de scène et suivre la troupe au Louvre et à Versailles. Or, la vie d'artiste n'est pas de tout repos.

Les Lumières du théâtre : Corneille, Racine, Molière et les autres, Anne-Marie Desplat-Duc, Flammarion Jeunesse, 2012. Pour plaire à Louis XIV, il faut être talentueux et original. Corneille, Racine, Molière et les autres rivalisent pour devenir le favori du roi. Mais c'est Molière qui semble tenir la bonne idée. Quelle est-elle ? Et comment ses contemporains vont-ils prendre la chose ?

Le Comédien de Molière, Annie Jay, Livre de Poche Jeunesse, 2015. Michel Baron entre dans la troupe de Molière alors qu'il a à peine douze ans. Très vite, Molière se rend compte de son talent exceptionnel et le fait monter sur scène devant le roi. Comment le jeune garçon va-t-il arriver à séduire pleinement son public ?

Comédienne de Molière : Journal d'Armande, 1658-1661, Christine Féret-Fleury, Gallimard Jeunesse, Collection « Mon Histoire », 2015. Armande a seize ans. Sa sœur, Madeleine, la fait entrer dans sa troupe et lui propose des petits rôles. Mais Armande rêve de gloire et d'amour. Justement, Molière est en train d'écrire une nouvelle pièce, *Les Précieuses ridicules*. Comment faire pour être remarquée ?

Dans la même collection

Anonymes
- Ali Baba et les quarante voleurs (37)
- Fabliaux du Moyen Âge (20)
- Gilgamesh (83)
- La Bible (15)
- La Farce de Maître Pathelin (17)
- Le Roman de Renart (10)
- Tristan et Iseult (11)

Anthologies
- L'Autobiographie (38)
- L'Héritage romain (42)
- Poèmes 6e-5e (40)
- Poèmes 4e-3e (46)
- Textes de l'Antiquité (63)
- Textes du Moyen Âge et de la Renaissance (67)
- Théâtre pour rire 6e-5e (52)

ALAIN-FOURNIER
- Le Grand Meaulnes (77)

ANDERSEN
- La Petite Sirène et autres contes (27)

BALZAC
- Le Colonel Chabert (43)
- Eugénie Grandet (82)

BAUDELAIRE
- Le Spleen de Paris (29)

CARROLL
- Alice au pays des merveilles (74)

CHÂTEAUREYNAUD
- Le Verger et autres nouvelles (58)

CHRÉTIEN DE TROYES
- Lancelot ou le Chevalier de la charrette (62)
- Perceval ou le Conte du Graal (70)
- Yvain ou le Chevalier au lion (41)

CHRISTIE
- La mort n'est pas une fin (3)
- Nouvelles policières (21)

CORNEILLE
- Le Cid (2)

COURTELINE
- Comédies (69)

DAUDET
- Lettres de mon moulin (28)

DES MAZERY
- La Vie tranchée (75)

DOYLE
- Scandale en Bohême et autres nouvelles (30)
- Le Chien des Baskerville (49)

FLAUBERT
- Un cœur simple (31)

GAUTIER
- La Cafetière et autres contes fantastiques (19)
- Le Capitaine Fracasse (56)

GREENE
- Le Troisième Homme (79)

GRIMM
- Contes (44)

HOMÈRE
- Odyssée (8)

HUGO
- Claude Gueux (65)
- Les Misérables (35)

JARRY
- Ubu Roi (55)

LABICHE
- Le Voyage de Monsieur Perrichon (50)

LA FONTAINE
- Fables (9)

LEPRINCE DE BEAUMONT
- La Belle et la Bête et autres contes (68)

LÉRY
- Voyage en terre de Brésil (26)

LONDON
- L'Appel de la forêt (84)

Dans la même collection (suite)

Achevé d'imprimer en Italie par «La Tipografica Varese Srl»
Dépôt légal : Août 2015 - Edition : 01
31/2228/6